U0547672

多才多艺

多灾多难

多福多寿

——李维汉对范明将军一生的评语

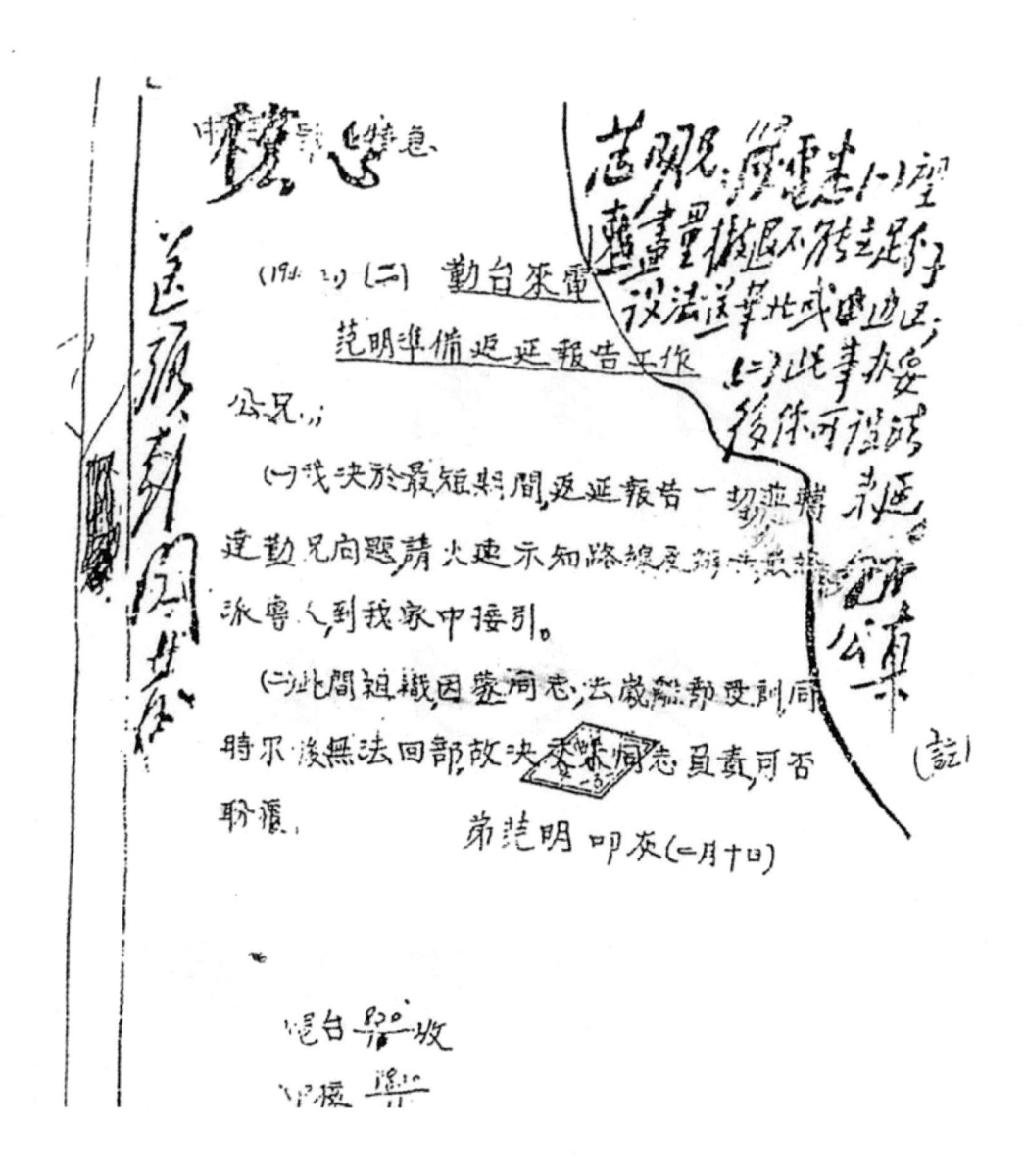

（1943）（二）勤台来电
范明准备返延报告工作

公兄：

（一）我决于最短期间返延报告一切并转达勤兄向题请火速示知路线及办法或派专人到我家中接引。

（二）此间组织因蔡同志法岁离部受训同时尔后无法回部故决以味同志具责可否盼复。

弟 范明 叩灰（一月十日）

范明兄：感电悉小型兵应尽量撤退不能立足者设法送军北或鄂边区。（三）此事大妥後你可择路来延。公叩

1942年底，毛主席在延安两次接见范明。因地下党工作需要，毛主席亲自将他的原名郝克勇改为范明。并决定中共三十八军地下党，由毛主席与范明单线联系。从1943年起，中共三十八军地下党工委便开始启用了新密电码，以明（工委）、勤（赵寿山）和公（毛泽东）为代号以电报进行联系。至1944年3月，期间来往电报上百封

图为毛主席给范明的回复电报照片

图为矗立在陕西省横山县的起义纪念碑

1946年10月13日的横山起义，是在毛主席的指挥下，由习仲勋同志策划和组织，由胡景铎、范明等同志共同努力取得的一次重大胜利。它为党中央转战陕北提供了较大的回旋余地。它发生在国民党气焰嚣张、要一举消灭中国共产党的首脑机关、敌强我弱、形势危急和许多同志和朋友对革命前途感到忧虑之时，它在政治上和军事上所产生的重大影响是不可低估的

中共中央西北局领导同志接见骑六师领导干部曹力如（左二）、张德生（左三）、胡景铎（左四）、习仲勋（左五）、范明（右三）

1951年2月27日，西北军政委员会根据中央的决定，任命范明为西北军政委员会驻班禅行辕代表

　　1951年3月19日，在青海省塔尔寺，时任西北军政委员会驻班禅行辕代表范明，参加了在班禅行辕举行的就职仪式后，与十世班禅（中）、青海省政协副主席扎西（右）合影

范明同志留念

班禅·确吉坚赞

1985-9-10.

　　1985年9月，范明蒙冤离开西藏28年后，作为贵宾被邀请参加西藏自治区成立20周年庆祝大典。中央政府派出以胡启立为团长、十世班禅副委员长为副团长的中央代表团。在庆典期间，十世班禅到新落成的拉萨饭店看望范明，按藏族习惯举行了仪式后，向范明赠送了亲笔题字的照片

2001年5月,范明应邀参加庆祝西藏和平解放50周年大典,时任中共中央政治局常委、国家副主席、中央代表团团长胡锦涛亲切地与范明握手
图中左一为时任西藏自治区党委书记郭金龙,右二为成都军区副政委张少松

范明将军画传

—— 献给忠诚的共产主义战士

编著：郝延政　郝淼　郝旭光　郝瑞　曹琪

陕西新华出版传媒集团
陕西人民出版社

1951年12月20日在拉萨举行了西南、西北两支进藏部队会师大会。会师大会主席台左起：慕生忠、范明、张经武、张国华、谭冠三

1951年12月20日，西南、西北两支进藏部队在拉萨布达拉宫前广场举行庆祝胜利会师大会。此图为检阅西南、西北进藏部队。右起：王其梅、堪厅主任詹东·计晋美、张经武、阿沛·阿旺晋美、范明、张国华、谭冠三

前 言

范明同志是1932年参加革命工作的老同志。在长达70多年的革命历程中,他曾参与过许多重要的党史事件,先后担任过中国共产党在原国民党三十八军工作委员会的书记、中共中央西北局统战处处长、西北野战集团军敌工部部长、第一野战军政治部秘书长兼联络部部长、中共西北西藏工作委员会书记、中共西藏地区工作委员会副书记、中国人民解放军西藏军区副政委、陕西省政协副主席等职。

抗日战争时期,范明同志曾在毛泽东主席的直接领导下做原国民党三十八军的统战工作;解放战争时期,他跟随彭德怀元帅经历了解放大西北的全过程;新中国成立以后,他在彭总的指导下做了大量的民族工作,并率部入藏,为西藏的和平解放和建设做出了很大贡献。范明同志在各个时期的革命工作中都取得了较大的成绩。"左"倾思潮盛行时,范明同志曾被错误地划成极右分子、反党集团头子,身陷囹圄,遭受了长达20多年的不公正待遇,但他始终保持了共产党人对革命事业的坚定信念,矢志不渝。20世纪80年代初,范明同志重新走上工作岗位之后,又一如既往地积极投身党和人民的事业中,为拨乱反正、改革开放再立新功。

范明同志一生经历是丰富坎坷而辉煌的,他为党和人民的革命事业做出了许多贡献。以照片集册形式展现他的一生,不仅是对他70余年革命生涯的记录和赞誉,而且对宣传党的历史、教育后来者也是很有意义的。

祝范明同志健康长寿。

宋平

2007年10月

(作者为中共中央政治局原常委、中央组织部原部长)

目录

第一章 秦国的都城——栎阳的郝氏家族

父母之邦　/1

少年学医　/6

求学救国　/9

第二章 抗战的地下尖兵

投身抗战前线　/19

党的地下工作　/24

枣园聆训　/27

传达与交接　/32

第三章 延安岁月

述职复命　/35

白区布点　/38

横山起义　/41

第四章 解放大西北

转战陕北　/51

解放西安　/61

解放兰州　/64

第五章 西北民族工作

和平解放宁夏　/65

和平解放新疆　/66

保护玉门油田　/72

做好回族工作　/73

争取黄正清率部起义　/74

处理夏河县叛乱　/75

　　调解草山纠纷　/76

　　创办民族学校　/77

　　开展民族经济统战工作　/78

第六章　签订和平解放西藏协议

　　揭露"驱汉"阴谋　/81

　　谴责"亲善使团"　/82

　　开展达赖集团工作　/84

第七章　西北人民解放军进军西藏

　　筹备进藏　/89

　　进藏征途　/92

　　隆重抵达拉萨　/104

　　西南西北两支部队会师　/108

第八章　护送十世班禅荣返西藏

　　历史背景　/111

　　争取班禅集团　/114

　　毛主席接见十世班禅致敬代表计晋美　/117

　　就任驻十世班禅行辕代表　/120

　　陪同十世班禅进京致敬　/121

　　习仲勋为十世班禅送行　/126

　　十世班禅抵达西藏拉萨　/129

　　十世班禅正式坐床　/132

第九章　建设新西藏

　　西藏地区工作委员会成立　/135

　　西藏军区成立大会　/138

　　治藏方略上的争论　/142

陪同班禅进京，参加第一届全国人民代表大会 /145

西藏自治区筹委会成立 /156

《通天之路》——修筑青藏公路始末 /160

筹办陕西咸阳西藏民族学院 /166

第十章 从巅峰跌入人生低谷

西藏的主要矛盾是什么？党内的争论 /169

西藏整风运动范明被打成极右分子 /170

2005年西藏党史对"范明反党集团"最终的记录结论 /172

第十一章 申诉甄别中的风云突变

陕西申诉，北京中央甄别 /175

风云突变，受习仲勋案株连，逮捕入狱 /177

秦城羁押与农场劳改 /178

第十二章 冤案的曲折平反

二次进京申诉 /191

三次进京申诉 /193

勉强签字 /197

冤狱案件的平反 /200

向西藏自治区党委三次提出申诉 /201

十世班禅的遗愿 /202

第十三章 政协工作

发挥余热 /203

拍摄《彭大将军》 /212

撰写党史军史 /214

第十四章 浴火重生 荣归藏地

与十世班禅大师喜相会 /222

第一次荣返西藏 /223

第二次荣返西藏 /230

第三次荣返西藏 /233

第四次荣返西藏 /243

援助西藏发展基金会 /245

第十五章 多才多艺 灿烂晚霞

将军郎中 /248

振兴中医 /251

助教兴学 /254

弘扬文化 /257

书法创作 /260

会友参观 /263

最后一次公务活动 /267

第十六章 家庭剪影

兄弟姐妹 /269

夫人梁枫 /273

亲情儿女 /282

第十七章 天伦之乐 幸福晚年 /289

第十八章 光照后人

组织关怀 /299

风范永存 /300

百年诞辰纪念会 /308

亲朋题词 /317

附录

范明年谱（1914—2010年） /321

后记 /337

第一章 秦国的都城——栎阳的郝氏家族

父母之邦

栎阳城遗址

范明的家乡西安市临潼县栎阳镇，曾是古代秦国的都城。据史书记载："秦献公即位（公元前384年）镇抚边境，并于二年（公元前383年）徙治栎阳城。"秦献公卒，秦孝公继位，在栎阳实行了历史上著名的商鞅变法。

范明家的老宅在西安市临潼县栎阳镇郝邢村。1914年12月4日，范明就出生在这间老宅里。范明原名郝克勇，"范明"二字是毛主席1942年因地下统战工作需要为他改的名字

范明故居的老宅子门面
门的背后是家族议事的厅堂，今天还能依稀看到当年大户人家的气势

范明的父亲郝鹏程年幼时好武，在家庭私塾里念了几年书，便辍学习武，后来考进西安讲武堂，毕业后成为"新军"的一名军官。1911年10月10日辛亥革命爆发，10月22日，陕西成立秦陇复汉军，在张凤翙、张云山率领下反对清朝统治。张凤翙率领秦陇复汉军攻打满城时（清政府在陕西的总督府，即现在的西安新城广场一带），郝鹏程第一个飞跃上城墙，砍倒了几个戴红缨帽子的满兵，这时别人也跟着上了城墙，打开城门，秦陇复汉军占了满城。因此，郝鹏程受到了张凤翙的嘉奖，功绩被载入史册。

郝鹏程是洪帮的成员，结识了许多朋友，与之结拜兄弟，其中有井勿幕、井岳秀、杨虎城、史可轩、魏野畴、惠又光、李德升等13人，这13人就是杨虎城部队的创始人。结拜时按结盟序齿排列，郝鹏程为第六，爱国将领杨虎城比郝鹏程小，见了他一直称六哥。

1926年春，在吴佩孚、张作霖的支持下，刘镇华率领镇嵩军八个师兵力，由潼关入陕，围攻西安，企图重新统治陕西。1926年4月，国民军第三军改为陕军，杨虎城率陕军三个旅5000人由三原进入西安，与李虎臣率二军4000人共同组织守城，公推李虎臣为司令，杨虎城为副司令，指导守城事宜，并订出防守计划，决定杨部守东、北两门，李部守南门，另一部陕军守西门，分头抗击镇嵩军。杨虎城委任郝鹏程为守北城墙的指挥。在郝鹏程指挥下，守军多次打退刘镇华镇嵩军的进攻。1926年9月，冯玉祥在绥远五原誓师，参加国民革命的北伐，就任国民军联军总司令，誓师后立即率部队从两路入陕，将刘镇华的镇嵩军赶出陕西，围困达八个月之久的西安得以解围。郝鹏程坚守西安立了功，西安解围后，受到冯玉祥总司令的奖赏。冯玉祥还亲自看了他利用城墙修的工事，称赞这是守城的创举，其事迹在西安市区内的革命公园里《坚守西安纪念碑》上有所记载。

1927年2月，杨虎城部被改编为国民革命军第二集团军第十军，杨虎城任军长，杨虎城依然让郝鹏程任独立连连长。之后，郝鹏程在剿灭刘桂堂土匪的战役中立了功，被提升为特种营营长。郝鹏程与孙蔚如、赵寿山、姬汇佰，特别是赵寿山等关系密切。1936年12月12日，西安发生了由张学良、杨虎城发动兵谏并扣留蒋介石的西安事变，赵寿山时任西安市公安局长，他提名让郝鹏程任西安市东关分局局长。

范明的父亲郝鹏程

郝鹏程很早就与共产党人有接触，与许多共产党人如魏野畴、史可轩、黄子祥、王福祥等关系密切。以后因为自己的几个儿子参加了共产党，到陕北闹革命，加上他一贯反对蒋介石和胡宗南，认为共产党一定会成功。因此，1936年西安事变，杨虎城被逼出国考察后，他毅然离开西安，回到临潼家里闲居，并将他的住宅实际上变成了中国共产党陕西省委的一个地下交通站，对中共陕西省委交通巡视员卫平（解放后任临潼县委副书记）和地下工作人员进行长期的掩护和接待。与此同时，很多交通人员和去陕北的人员也常住在那里。

1949年解放后，陕西省委认定：郝鹏程曾经对清朝和军阀英勇作战，是西安事变的参加者；抗日战争和解放战争时期，又对我党工作人员进行了掩护，成为共产党的挚友。作为爱国人士，在1955年政协陕西省委员会成立时，他被安排为陕西省政协委员，1956年5月病逝于西安。

1949年冬，范明（二排右二）在故乡与家人合影。图中：二排右一四弟郝克顺、右四父亲郝鹏程、右五母亲范氏、右六大哥郝克俊

范明的母亲范氏是一位勤劳善良的农村妇女

范明故乡临潼新貌
西安曲江临潼国家旅游休闲度假区大唐华清城与骊山交相辉映

　　美丽的西安市临潼区是范明可爱的家乡，也是范明魂牵梦绕的地方。在那里范明打下了扎实的国文基础，也第一次感悟到中医理论的博大精深。1930年，15岁的范明离开临潼老家，赴上海求学。

少年学医

范明自小受到家庭的良好教育和熏陶,加上他天资聪颖,5岁多就进入私塾读书,不到10岁便能通背《四书》《五经》和唐诗宋词数百首,还懂得很多历史知识,可以撰写叙事明理的短文,成了栎阳镇一带四里八乡有名的神童。

从学童时期起,范明就非常敬佩宋朝的范仲淹,因他母亲姓范,便对这姓范的历史名人更有一种亲切感。范仲淹"不为良相,必为良医"的思想对范明影响很深,范明决心向他学习,以他为榜样,学习中医。

1926年,军阀刘镇华的镇嵩军围困西安,范明全家避居耀县。耀县南门外是著名的药王山,山上有一座供奉孙思邈的药王庙。劳动之余,范明便经常到药王庙。庙门右侧有一块镌刻着《千金方》的石碑。据当地乡亲们介绍,《千金方》是药王孙思邈留下的济世良方,只要掌握了这些方子,就可以给病人看病。范明自小通读《四书》《五经》,古文基础很好,听到传说后,对这块石碑产生了浓厚的兴趣,便经常来研读碑文,并用柴棍在地下默写。久而久之,《千金方》就被他背得滚瓜烂熟了。乡亲有些头痛脑热之类的小毛病,向他来讨方子。范明便根据石碑上的记载,对症开方,疗效很好。

1928年至1929年间,范明家乡霍乱流行。一天,一位来自山东

位于陕西耀县城东的药王山药王庙

的姓李的长胡子道长来到村里，这位道长打扮的人实际上是位名中医，医术精湛，特别擅长针灸。正当瘟疫流行之际，他沿途行医来到栎阳。范明伯父让他住在自家私塾的书房里，吩咐范明伺候他。他不吃主家的饭，只吃他所带的干粮。家里来了一位名医，范明极为兴奋。

范明每天帮李道长背着褡裢，随他转乡看病，目睹了他治霍乱的奇特办法：首先要给病人放血。只见他用一根三棱针扎腿放血，放出的血都是黑色的，然后改用很细的银针扎病人的十个指头。放血后，就地挖一个一尺多深、人可以躺下去的坑，挖好的坑里撒一层食盐，用水桶从井里打水，不让桶底触地面，人用手接住桶底，把这种"清拷凉水"倒进坑里。连倒三四桶水，用棍子搅拌，直到搅得起了白泡沫时，把病人放到水里泡。霍乱上吐下泻，人很容易脱水，用盐水一泡，病人就不吐不渴了。病人在盐水里躺半个小时，就可以起来了。然后他叮嘱病人，如果口干想喝水，就喝盐开水。常常病人来时，是用门板抬来的，经过扎针盐水泡，半个小时后，病人自己就可站起来向先生道谢，走着回去。他治了许多霍乱病人，都痊愈了。这样严重的传染病，没有什么特殊药，没有什么西医的现代方法，竟能达到这种治疗效果！20世纪40年代范明在延安时，写了一篇短文介绍这种治霍乱的方法，被当时的《解放日报》刊登了。那时边区缺医少药，据说有群众试用，确实有效。

范明看到这位名医治病有此奇效，内心对他更加敬佩，也坚定了向他求学的决心。名医不论走多远治病，范明都背着褡裢不辞劳苦地跟着。先生白天外出治病，晚上回来还要看《医宗金鉴》，孜孜不倦。有一天，古文功底很好的范明坐在先生旁边，抽出他读过的《医宗金鉴》第一册，从头开始读。由于思想很集中，读着读着便读出了声。先生停止看书，抬起头就问范明："你几岁了？""14岁了。""这部书你能看懂？""能看懂。"先生很诧异，要过《医宗金鉴》第一册，翻到前面的乾隆皇帝"御批"指着说："你从头念一遍。"范明把御批全部念完了。先生和蔼地问道："意思能懂吗？你讲讲看。"范明讲了这篇御批，还说他曾在药王山读了孙思邈的碑文，记了许多验方，并给他背了一段碑文。先生站起来，静静看了范明好一会儿，称赞说："你小小年纪，却这么聪明啊！以前有些秀才还读不懂这本书哩！"接着，他背了双手，在书房内缓缓踱着步子。良久，停留在窗前，一手捋着胡须，凝视着窗外凄寂的夜空，又回过头来问道："你愿意学中医？"范明激动地频频点头。先生微笑着说："好，我教你！"

范明终于有了老师。每天外出行医回来，先生看书之余，抽空开始给范明讲解《医宗金鉴》，讲脉理和诊脉方法，还教范明一些汤头，他把汤头编成歌诀让范明背诵。对一些不能理解的，他就耐心地给讲解，深入浅出，直到范明学懂为止。

乡下就寝较早，偌大的一个院落，入夜之后，常常只剩下书房一隅还有灯光。书房内一老一少，各自沉迷于医书，虽不致超然物外，倒也能专心致志，忘却一切。先生说书，深入浅出，明了易解，又联系实际，承诸家之所长，加上他有行医经验，兼及各类病例，只有十几岁的少年范明听起来兴致盎然，如同随他遍历远在千里之外病人的疾苦，又遨游于古代世界，亲聆上下几千年间名医的教诲。听先生讲医，越听越起劲儿，而且浮想联翩。先生本来魁伟，万籁俱寂之中，身躯映在窗棂上，越发显得高大，被飘忽的灯焰带动着，那影子栩栩如生。范明凝视着先生，不禁想着：古时候药王孙思邈就是这个样子吧！张仲景、华佗、孙思邈、李时珍等历代杰出医学家俱往矣，而这位先生活着，医学活着，一代一代相传，生存于民间，又造福于民间。此刻，范明的耳边仿佛又响起范仲淹的名言"不为良相，必为良医"，他立志像范仲淹那样以天下为己任，如果不能如愿，便望当一名中医济世救人。

求学救国

范明（左）初到上海时与大哥郝克俊（右）的合影

1930年9月，范明抱着读书救国的理想，随大哥郝克俊来到上海，考入了上海建国中学。

1931年"九一八"后,范明参加了上海学生救国联合会,并于12月1日参加了上海学联赴南京请愿团。

请愿团的火车到达南京下关后,蒋介石迟迟不肯接见学生代表,范明悲愤交加,写下了下面的两首诗。

请愿团到达南京

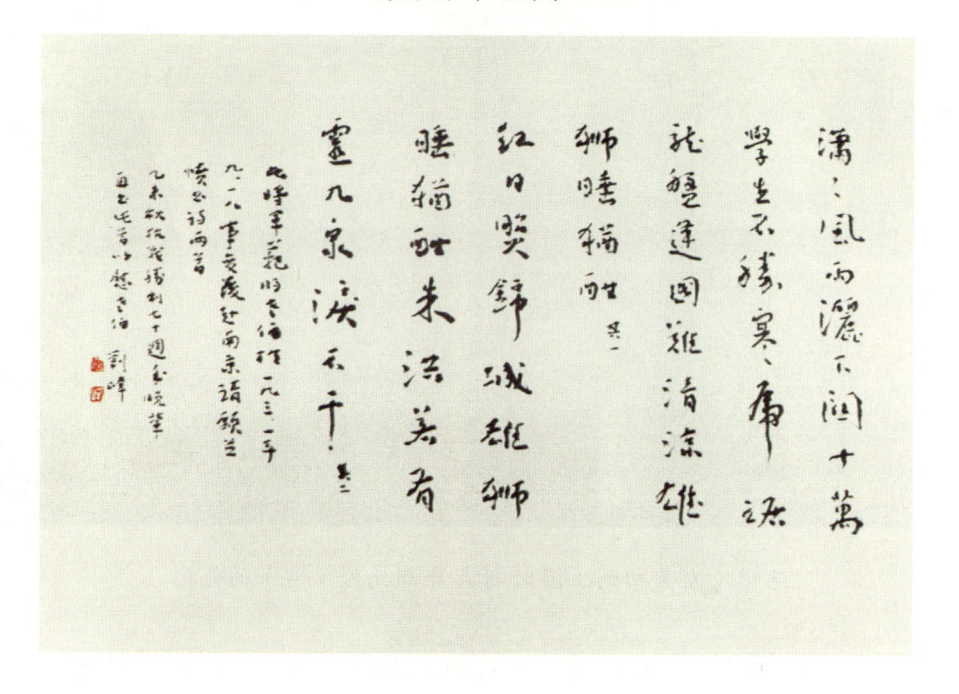

潇潇风雨
潇潇风雨洒下关,十万学生不胜寒。虎踞龙盘逢国难,清凉雄狮睡犹酣。
题清凉山
红日照锦城,雄狮睡犹酣。朱洪若有灵,九泉泪不干。

淞沪抗战中，范明积极组织募捐活动，并和同学们一起进入抗战前沿阵地慰问抗日将士

1932年，由于淞沪抗战爆发，陕西和上海之间的邮路中断，范明的生活无法维持，便返回西安，考入了西安省立中山中学，在初中三年级就读。

西安省立中山中学中山大门

1932年9月至1939年1月，范明以"志均"为笔名，在由宋绮云主编的进步报刊《西北文化日报》上发表大量的文章，反映当时农民和城市下层贫民疾苦，揭露批判蒋介石不抵抗和卖国投降的行径

范明　　　　　　　　　　　梁枫

　　1933年3月，范明返回上海建国中学高中读书。1934年4月，范明与梁枫冲破重重封建阻挠，在陕西三原，在梁枫的表姐郭峰等人主持下登报结婚并在三原女中举行了简单的婚礼。

　　梁枫，1915年出生于临潼栎阳镇，和范明是同乡。4岁时，梁枫的父亲被土匪打死，母亲改嫁，从临潼的乡村把她带到西安，依靠卖刺绣供她上小学。14岁时，母亲去世，梁枫依靠堂兄和同学资助，在三原女子中学读书，后来和范明一起参加安吴青训班，1938年秋被派到延安抗大学习，1939年4月在抗大加入中国共产党，1950年和范明一起进军西藏，1952年任西藏工委青委副书记和团工委副书记，1955年参加全国共青团代表大会，被选为共青团中央委员。

1932年4月，蒋介石为了镇压西安学生的抗日救亡运动，派反动政客戴季陶来西安对学生"训话"。中共陕西省委决定4月26日举行反对卖国政府、驱逐反共政客戴季陶的示威游行。范明积极参加了这次运动。

1932年5月，由西安市共青团支部书记方毅民和方培钦介绍，范明加入中国共产主义青年团。

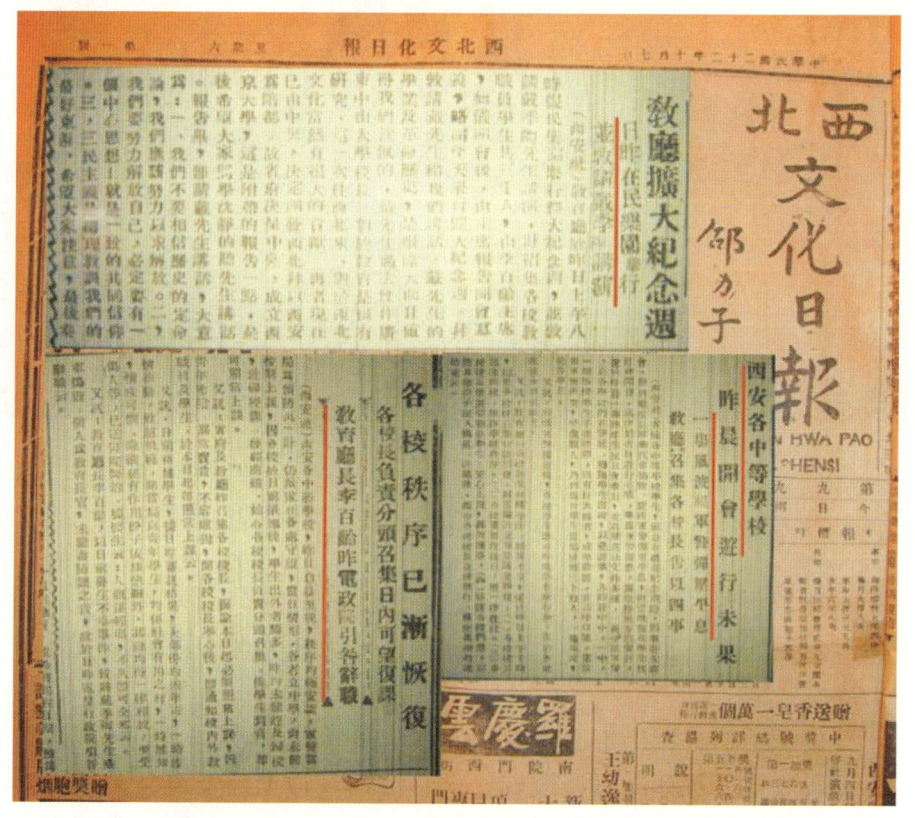

西安进步报刊《西北文化日报》对这次"驱戴"事件的跟踪报道

1935年，范明从上海建国中学高三肄业后，考入了由国民政府在淞江办的"淞江盐务税警官佐训练班"。这个短期学校，是国民政府财政部盐务总署为了专门培训缉私盐官佐而开办的，校址设在淞江东郑火药局内。

淞江方塔

在这个不被人注意的小小训练班里，抗日救国的气氛十分浓厚。毕业前，训练班组织了一次长途行军，全副武装，身背帐篷和行装，由淞江出发，步行到浙江嘉兴平湖一带，路过金山卫戚家堰，避雨于戚继光灭倭寇的纪念亭内。当时电闪雷鸣、风雨交加，范明触景生情，吟诗一首。

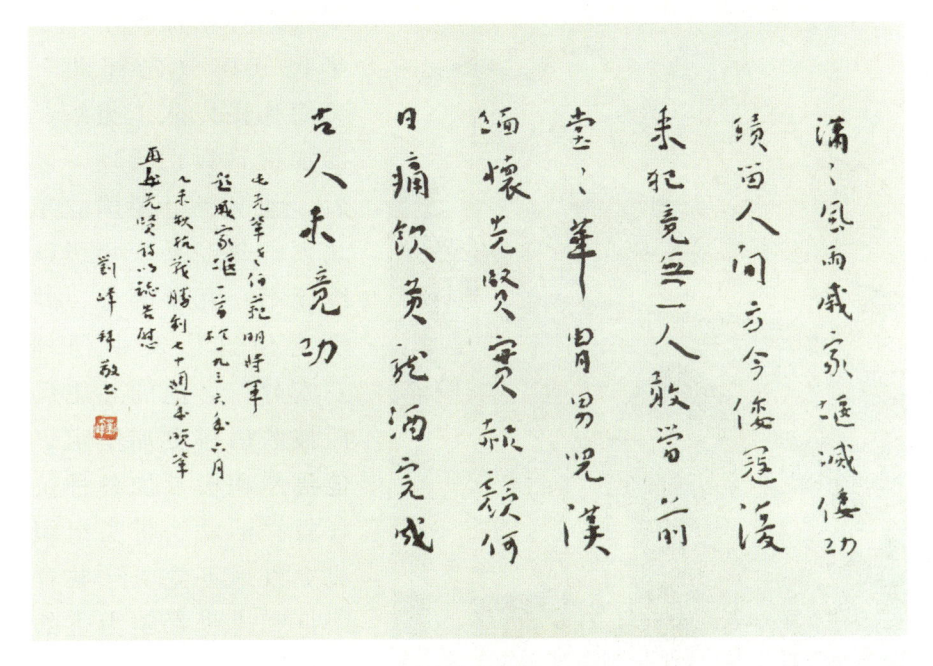

题戚家堰

潇潇风雨戚家堰，灭倭功绩留人间。方今倭寇复来犯，竟无一人敢当前。堂堂华胄男儿汉，缅怀先贤实报颜。何日痛饮黄龙酒，完成古人未竟功。

一年后，范明从盐务税警官佐学校结业，被分配到贵州省天柱县任盐务税警分队长。范明的任务是带领十几个税警检查和打击食盐走私活动。

范明上任不久，就不畏强权，把湖南省主席何健的40多条走私盐船扣留了。何健把他告到了贵州省有关当局，说扣留了他的军用物资。贵州省盐务局迫于何健施加的压力，官官相护，竟下令将40多条走私盐船放行。不久，西安事变爆发，张学良、杨虎城两位将军在西安扣留了蒋介石，何健伺机报"一箭之仇"，将范明打成"小杨虎城"，关进监牢。范明在监狱里被关了一个多月，后来西安事变和平解决，当局对他的监守松懈下来，加上当地共产党员设法营救，他从监狱里逃脱出来，并连夜逃出天柱县，几经辗转，于1937年3月返回西安。

1937年4月，范明考入国立东北大学西安分校政治经济系二年级。同年4月经李作人、刘绍东介绍加入了"中华民族解放先锋队"（简称民先队）组织，参加抗日救亡活动。随后，他又考上了国立东北大学政经系三年级继续读书。几番磨难，并没有使这位关中楞娃"安分"，他的斗志反而被磨砺得更加坚定，他仍然积极参加各种抗日救亡活动，带头组织成立以地下党员、共青团员和进步青年为主的抗日救亡团体"夏艺学会"，并担任会长。

1937年东北大学西安分校的照片

1937年11月，经东北大学民先队李作人介绍，范明率领"夏艺学会"的大部分成员步行两天，来到三原中国共产党直接领导下的安吴青训班。青训班的负责同志冯文彬、胡乔木、刘瑞龙热情接待了他们。从此，范明正式投入了党的怀抱，走上了漫长而艰难的革命征途。

　　在安吴青训班学习的日子里，范明认真总结了这几年自己所走过的道路，真正认识到只有共产党才能救中国，从此下定决心永远跟着中国共产党走，为建设新中国而奋斗。

安吴青训班旧址

　　1938年2月，范明在青训班受训结业后，到赵寿山领导的十七师教导大队工作。其间，由李慕愚、李森介绍，加入中国共产党。

赵寿山　　　　杨虎城　　　　孙蔚如

赵寿山领导的第三十八军（赵于1938年夏升任军长）是爱国将领杨虎城的旧部，是一支骁勇善战的队伍，是能打硬仗的抗日铁军。在苦战保定、喋血娘子关、死守中条山战役中，都显示出第三十八军在抗日战争中彪炳千秋的累累战功

1937年1月，赵寿山将军在陕西三原县城内十七师师部和驻云阳镇、庄里镇的红军将领合影。由右至左：姚警尘（赵寿山秘书）、常汉三（三原县县长）、冯一航（第三中学校长）、赵寿山、马文彦、彭德怀、杨发振（渭北民团总指挥）、陆定一、任弼时、杨尚昆、警卫员、秦邦宪

第二章　抗战的地下尖兵

投身抗战前线

抗日战争时期在第三十八军抗日前线的范明

西安事变后，终于于1937年8月建立了国民党和共产党的第二次国共合作，中国工农红军改编为国民革命军第八路军。为了坚定国民党的抗日决心，中国共产党决定选派一批优秀青年干部，参加国民党部队，协助抗战。1938年初，党组织派范明前往暂时驻三原的第三十八军十七师赵寿山部队的教导大队，协助进行抗战工作。

1938年2月，范明在青训班结业，党组织介绍他到三原国民党军第十七师（赵寿山部）教导队（由共产党主办）任政治教员。3月，范明加入中国共产党。5月，范明和教导大队200多人从三原出发，东出潼关，由河南渑池渡过黄河，经垣曲，与正在晋东南太行山地区对日作战的十七师前方部队会合。7月，第十七师扩充为国民党第三十八军，赵寿山任军长。教导队被调到抗日前线山西平陆县茅津渡，改为第三十八军教导队，范明任教导队政治指导员。11月，范明负责教导队和军部直属部队共产党的组织工作。

1938年9月13日，日军牛岛师团5000余人，分两路向我中条山进犯，企图攻占平陆县及其以北地区。第三十八军主动出击，向张店之敌发动强有力的进攻，击毙日军400多人，迫使日军北撤。

1938年12月底，教导队第一期100多名学员，在出色完成全部科目训练后，在茅津渡毕业。毕业学员大部分被派到第三十八军的基层部队任下级军官，后来在抗战中屡立战功的姚杰、宁必成等一大批抗战精英，都是教导队第一期的学员。

1939年3月29日，驻扎在山西运城、安邑的日军第二十师团五六千人，兵分两路向我中条山三十八军阵地进攻。我军精选数百名敢死队员冲入敌阵，以大刀砍、手榴弹轰，东挡西杀，勇往直前，经过一番惨烈的白刃格斗，毙伤日军600余人。范明参加了这次战争。此次战役，激战六天，我军伤亡500余人，毙伤日军1000余人，有力地粉碎了日军向我中条山的第五次"大扫荡"。此次战役史称"三二九"战役。

第三十八军参加中条山战役抗击日军

1938年秋,赵寿山和十七师官兵在抗日前线。图为赵寿山(左一)、李维民(左八)、教导大队教官温朋久(左七)

1939年6月，日军经过两个多月的准备，纠集运城、安邑和夏县的中岛第二十师团约3万之众，向驻守在中条山的我军发动了规模空前的大扫荡。我十七师官兵，依托有利地形，同日军展开了殊死激战。教导队毕业的学员，个个身先士卒，勇敢杀敌。战役结束时，教导队一期毕业的100多名基层军官剩下不足70人。他们视死如归的大无畏精神，得到全军将士的称赞，这就是著名的"六六"战役，范明参加了这次战役。

范明（前面空地站立者）在野外给教导队学员授课

1939年12月，日军三一七师团万余人，秘密集结安邑、运城、张店一带，以突然袭击的方式，向中条山发动了第10次进攻。由于第三十八军及时察觉了敌人的阴谋，做了战前动员，主动出击，所向披靡，毙伤敌军2000人以上，保住了中条山阵地。1940年1月，教导队第2期200多名学生毕业于中条山深处的寺头庙，迅速地补充了因"三二九"战役和"六六"战役而伤亡的基层军官。

教导队学员在进行野外演习

1938年2月至1944年4月，在第三十八军共产党地下党工委的领导下，第三十八军教导大队共办了五期培训班，培养了文化层次高、抗战决心大、有勇有谋、能征善战的中下级军官1000多名，大大地提高了第三十八军的抗战能力。

范明领导的教导大队从陕西三原到山西阳县，从山西的茅津渡到河南的巩县，从太行山到中条山，始终坚守在抗战的第一线，与十七师将士们一起浴血奋战。

1942年抗战期间，赵寿山所辖的第三十八军"战友"篮球队全体队员的合影。前排左起：李康、王德亮、涂辆（原名涂江）、李三光、罗殿芳（现名罗曼中）、王福杰、杜岗；后排左起：徐又彬、范明、项琥（现名项志毅）、黄国斌、余健、董青、李育英、祁琳、张西鼎、周杰邦

党的地下工作

1938年底,中共陕西省委决定正式成立"中共第三十八军地下党工作委员会",工委由蒙定军、胡振家和范明三人组成,蒙定军为书记,负责十七师党的全面工作,范明主要负责组织、统战和干训班及教导大队的工作,胡振家负责部队的上层统战工作。

在范明和工委其他同志的努力下,第三十八军地下党不断壮大,我党势力几乎控制了所有要害部门。范明在历届教导队员中,发展了600余名共产党员,这些党员们在后来的解放战争和新中国的建设中创建了不朽的功勋。特别在石油战线,他们都是中层骨干和创业尖兵,为中国的石油事业贡献了后半生。

1977年,范明从劳动改造的大荔农场回西安养病时,与原第三十八军的老同志合影。前排左起为:权国华、梁枫;后排左起为:吴开福、王瑞龙、刘侠僧、范明

1942年范明和妻子梁枫、二儿子郝东政在河南巩县范明和第三十八军地下党工委的出色工作，得到了党中央的肯定和支持。1942年11月7日，蒋介石对第三十八军施加更大压力，调赵寿山去重庆受训。党工委与赵寿山商量，决定准备起义，与此同时，赵寿山也提出了加入中国共产党的请求。第三十八军地下党工委为此专项请示中共中央，毛泽东直接致电赵寿山："勤兄：（一）可否派贵处郝克永（勇）来和我一谈，请裁复。（二）今后通报改用公、明、勤三字。弟公叩虞辰。"公、明、勤为此后通讯代号，"公"代表毛泽东，"明"代表工委，"勤"代表赵寿山，郝克永（勇）即指范明。工委接到此电报后，当即进行了周密的研究，决定由范明持电报与赵寿山商议之后，去延安向毛主席详细汇报具体情况。

11月中旬，接到毛泽东电报后，地下党护送范明到中共陕西省委所在地——马栏。12月上旬，范明与张西鼎到达延安。

枣园聆训

毛主席在延安

  1942年12月的一天下午,范明和欧阳钦(西北局秘书长)骑着马,从花石砭西北局驻地出发赶往枣园。
  范明第一次见毛主席,不免有些紧张,也就是这一次被接见,范明的名字从此由"郝克勇"改成了"范明"。
  主席走到范明面前,握着他的手,和蔼可亲地说:"是克勇同

延安枣园新貌

志吧,让你久等了!"接着主席又问:"你是哪里人?""我是临潼县栎阳镇人。"范明答。主席笑着说:"关西将军关东相,名不虚传。"主席接着问:"你学过季米特洛夫的《干部政策》吗?你说说,选拔干部的四大标准是什么?"范明一口气说出了三条,可是第四条却怎么也记不起来。"独立处理问题!"主席见范明实在想不起来,便笑着帮他回答,并诙谐地说:"能答出三条来,也不错,打你个九十分。"又问:"你会唱秦腔吗?秦腔里的皇帝出场白,常常把登基说成'九五之位'是什么意思?"

"那是《易经》的阳刚则衰,阴极则损的忌讳之词。阳刚为十,减一为九;阴极为六,减一为五。满招损,谦受益,阳极则衰,阴极则损。"范明答道。"对了!再给你加五分,算你个九十五分的九五翰林吧。"主席满意地点了点头。然后对范明说:"不要当状元,历史上的状元,大多数当了驸马,养尊处优,埋没了人才,很少在事业上有所成就。"

主席忽然话题一转,问:"郝克勇同志,你舅舅家姓啥?""姓范。""是范仲淹的范,还是樊梨花的樊?""范仲淹的范。""好!"主席高兴地说,"那就把你的名字改成范明吧!做秘密工作的同志回到延安,都必须改名换姓。""谢谢主席。"范明应声回答。从此,无论对内还是对外,"郝克勇"改称"范明",沿用至今。

范明向主席汇报了第三十八军的基本情况、地下党的建设和工作、统一战线、对敌斗争的策略以及第三十八军今后的发展和应变的各种方案等,一口气说了三个多小时。主席仔细地听着,不断地抽着烟,没有听清的地方便立即提问。听完汇报后,主席用浓重的湖南口音说:"第三十八军地下党在陕西省委领导下,善于开展统战工作,并善于把统战工作同地方武装势力结合起来,不但使我党的组织免遭破坏,还发展、壮大了我党的力量,掌握了部队实力,这个经验是好的,成绩是特别显著的,是陕西地下党中的一个好典型。"

这时窗外已经大亮,主席请范明和欧阳钦吃了个简便的早餐。饭后,范明和欧阳钦考虑到主席的生活和工作习惯,便起身告辞,骑上马返回花石砭西北局驻地。

时任西北局秘书长的欧阳钦

当天下午两点多钟,范明和欧阳钦又赶往枣园。当他俩来到主席住的窑洞时,主席已经起床,坐在桌旁等候他们。范明、欧阳钦屁股刚一挨板凳,主席就开门见山地说:"该讲的昨晚都讲了,看还有哪些问题需要解决,请讲出来。"

范明首先提出了赵寿山申请入党的问题。在详细听取了赵寿山的个人历史和政治表现以后,主席沉思了片刻,说道:"中央原则上同意赵寿山的申请,可以作为一个特别党员。为了防止暴露,不举行入党仪式,不办理入党手续,在党内也暂不公开,等时机成熟后,再追认党籍,党龄可从'双十二'西安事变时算起。"从此,赵寿山成了毛主席特批的"三不"党员。

主席接着说："吸取今年联系渠道不通畅的教训，为了统一领导，步调一致，严守机密，不误时机，今后第三十八军工委归中央直接领导，掐断重庆（周恩来）和前总（彭德怀）的联系，停止陕西省委的领导。"主席抽了一口烟，接着对范明说："为了保存干部，中央决定把蒙定军同志送到陆军大学学习，工委书记由你接替，今后你与中央保持单线关系，由我直接单线领导。""第三十八军的秘密电台，今后只直接同中央联系。赵寿山本人可以通过秘密电台和中央联系。中央与赵的来往电报，都由你经手批发和转递。'机事不密，祸必及身'，千古名鉴，必须牢记。"

这时，天色已渐渐暗了下来，范明抓紧向毛主席请示了最后一个问题，即第三十八军今后的出路及其应变方案。

主席说："工委要做好起义的腹案和准备，不要打红旗，可以打地方部队抗日同盟军的旗子。政治宣言要抓三条：坚持抗战，反对投降；坚持团结，反对分裂；坚持进步，反对倒退。起义的时机，一条是蒋介石武装吞并，不能继续生存时；一条是日本人大举进攻，国民党部队大撤退，部队留到敌后时。至于起义后的军事行动路线，一条是北渡黄河，进入太行，靠拢八路军；一条是沿伏牛山，东出安徽涡阳，靠拢新四军；一条是陕西沦为敌占区时，就要不顾一切，挥师入关，打回老家去，开展游击战争。"

主席短短一席话，把第三十八军未来的行动方针、前途及其行动中应注意的事项，包括行军路线，都指点得明明白白。范明豁然开朗，心中升起一股敬意：毛主席真不愧为伟大的政治家、军事家，自己能亲聆他的教诲，真是三生有幸！

离别的时候到了，毛主席把他们送到窑洞外面，紧握着范明的手说："回去后，代我向赵军长问好！要如实地向他传达中央的指示精神，请他不仅要做好第三十八军的工作，而且要特别做好西北军将领的工作，做好孔从周、李兴中、陈硕儒等人的工作。要拥戴孙蔚如出面向蒋介石做工作。对国民党的腐化堕落习惯和社交应酬，要同流而不合污，以防部队腐化，也不要标新立异、孤芳自赏，以免暴露。同时一定要搞好军民关系，做好群众工作，这是你们能否生存的根本条件。"

毛泽东在延安枣园的两次接见、十多个小时的谈话，给范明留下了终生难忘的深刻印象。从此"关西将军关东相，名不虚传"、毛泽东为范明改名字和亲封范明为"九五翰林"的故事不胫而走，流传至今。回到西北局驻地，夜已深沉，范明躺在床上，心潮难平，索性披衣下床，点着煤油灯，摊开笔记本，作诗一首，以志不忘。

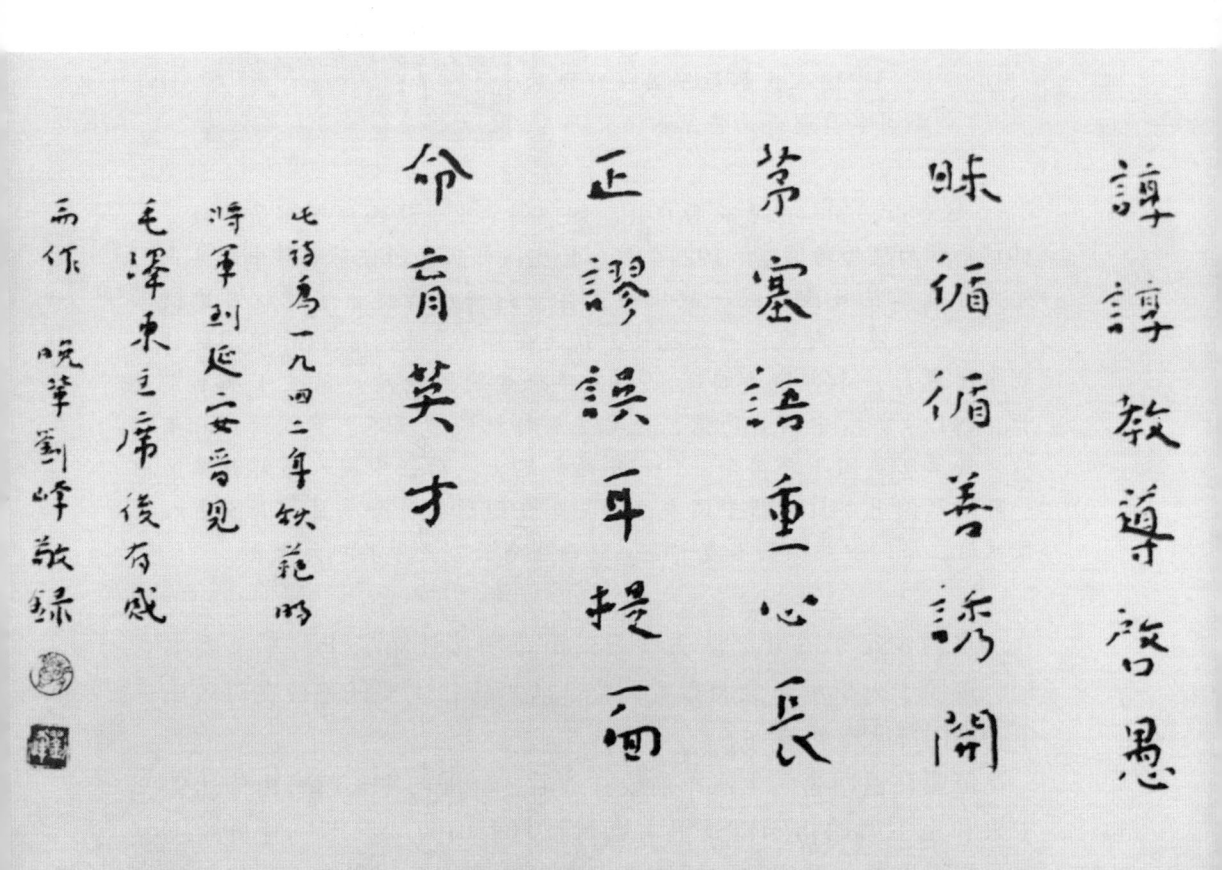

谆谆教导启愚昧，循循善诱开茅塞。语重心长正谬误，耳提面命育英才

传达与交接

1943年2月，范明将毛泽东对第三十八军地下党的指示整理出传达提纲。3月，返回第三十八军部队，将毛泽东的指示向蒙定军、胡振家和崔仲远做了详细传达，后又向赵寿山做了重点传达。

中国人民解放军第一野战军副司令员赵寿山将军

赵寿山，1894生于陕西户县。1913年毕业于陕西陆军测量学校。1917年参加陕西靖国军。1924年参加杨虎城部队，1936年响应中国共产党关于建立抗日民族统一战线的号召，向杨虎城提出了"抗日建议书"，主张停止内战，一致抗日，在西安事变中起了积极作用。抗日战争爆发后，率部抗击日军。1938年后任国民党政府第三十八军军长。1942年加入中国共产党，是毛主席特批的"三不"党员。1944年后，任第三集团军总司令。1947年通电起义。后任中国人民解放军第一野战军副司令员。新中国成立后，历任国防委员会委员，青海省人民政府主席，中共陕西省委常委、陕西省省长。是中共八大代表

之后蒙定军离开部队去学习，由范明接任第三十八军工委书记。按照中央指示，全面布置调整部队工作，主要任务放在对敌斗争和巩固部队方面。

范明在返回第三十八军前线驻地后，立即向军长赵寿山传达党中央和毛主席的指示以及毛主席特批赵寿山为"三不"党员的决定。赵寿山对范明说："感谢毛主席对我的信任和理解，使我多年的愿望得到了实现。叔也要感谢你，是你帮叔促成了这桩心愿。"接着赵寿山又说："叔问你，你这次在延安见了毛主席，印象究竟怎样？""是个了不起的伟大人物，政治、军事、哲学、文学、历史，无所不知，无所不晓，不仅博学多才，而且平易近人、诲人不

倦。"范明觉得这些词句似乎都概括不了自己对毛主席的深刻印象，便说："赵叔，这样吧，我作一首诗，来表达我对毛主席的印象。"

1943年春季起，中共第三十八军地下党工委便开始启用了范明从延安带回的新密电码，以明（工委）、勤（赵寿山）和公（毛泽东）直接进行联系。至1944年3月，其间来往电报上百封，有工委也有赵寿山的请示电报，其余均为毛泽东的复电。毛泽东的复电绝大多数用毛笔或铅笔直接写在工委和赵寿山的来电上，送有关同志阅后由中央电讯处发送。

1942年2月，蒋介石将第三十八军调离黄河茅津渡渡口，集中在巩县一带，接着以明升暗降的办法，将赵寿山升任远在甘肃武威的第三集团军总司令，派张耀明接替第三十八军军长。范明就此事多次与毛主席来往电报，毛主席指示：严密组织，彻底执行隐蔽干部政策，继续坚持阵地，抽调一批党员随赵寿山到第三集团军开展党的工作。建立据点，抽调一批党员回延安学习或打入陕西地方保安团，掌握地方武装。并指示范明："此事办妥后，你可设法来延。"

1990年春，范明手书答赵寿山将军问诗作："笑谈风生话战争，千里胜决一掌中。纷纭天下从此定，中华民族赖复兴。"

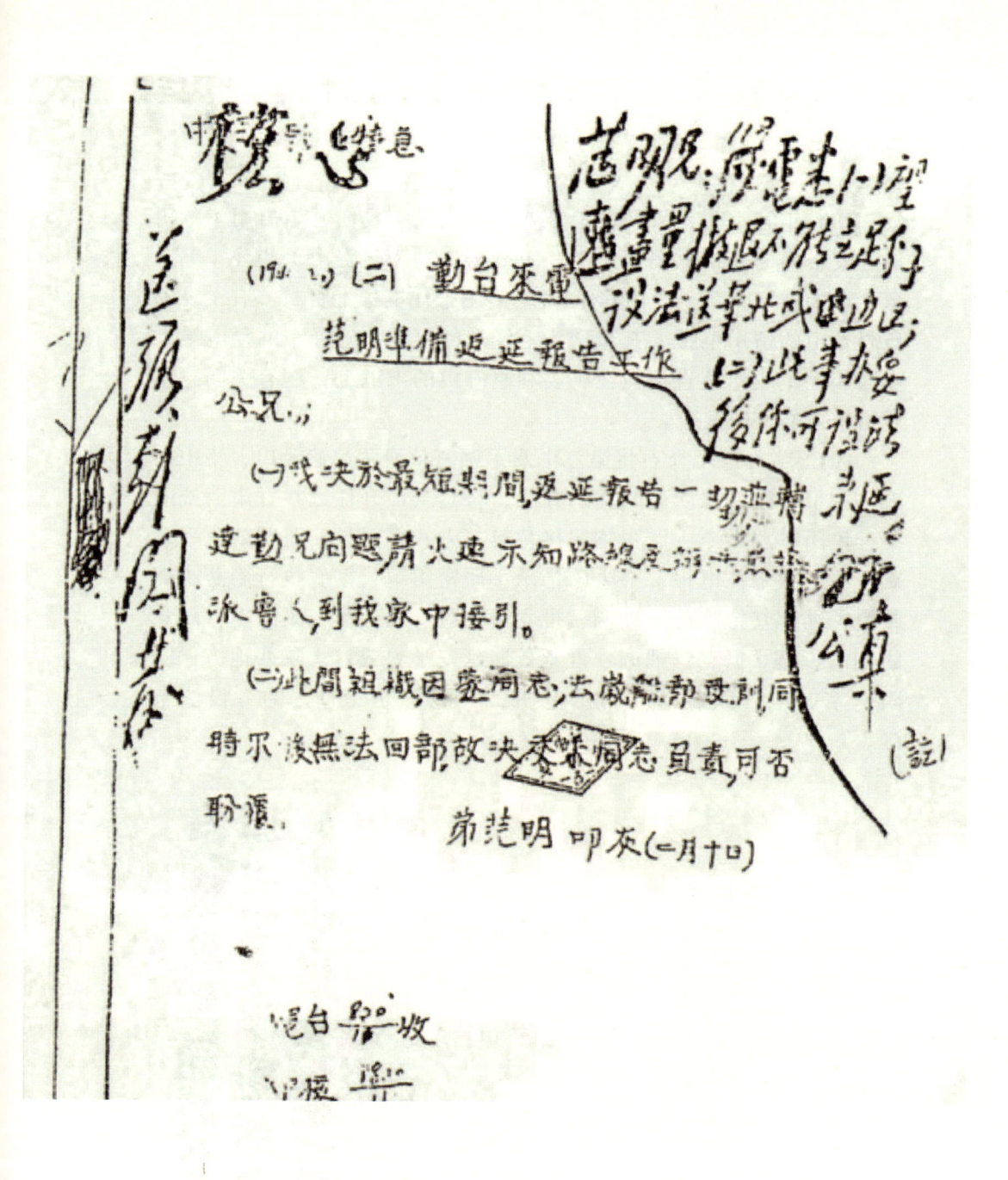

(1946)（二）勤台來電
范明準備返延報告工作

公兄：

（一）我決於最短期間返延報告一切並請速勤兄向毛請示速示知路線及辦法或請派專人到我家中接引。

（二）此間組織因鑒同志去歲離部受訓同時爾後無法回部故決以妹同志負責可否盼覆。

弟范明 甲灰（一月十四）

范明兄：覽電悉，小型廣畫盡搬運不能之要子設法送至北或邊區。（二）此事在妥後你可擇路返延。

公覆（註）

图为毛主席给范明的回电

第三章 延安岁月

述职复命

　　范明根据毛主席指示，将第三十八军党的工作交给李森，抽调一批同志随赵寿山到第三集团军，另一批同志到延安学习，还将一批武器藏在自己临潼的家中。一切办妥后，范明到西安向蒙定军做了汇报，然后由蒙定军通过关系将他送到边区，终于3月份到达延安，从而结束了六年艰苦卓绝的地下斗争。

　　1944年3月中旬，毛主席在枣园召见范明述职复命。范明此次被召见，由高岗和杨清（欧阳钦）陪同，陪同召见的还有任弼时等人。使范明深感意外的是，范明刚走到窑洞门前，毛主席一下子就走过来用力握着他的手说："欢迎你胜利归来！"一股暖流顿时涌入心田，范明慌忙应道："不、不，我没有很好地完成任务。"毛主席拉着范明的手进了窑洞，让范明坐在他的旁边，说："你们斗昏了蒋介石，保护了赵寿山，保存了部队，随时可以东山再起，岂非全胜？"毛主席说着把手一扬笑起来，其他同志也都跟着笑起来。范明回答说："这都是在主席的亲自指导下完成的。赵寿山赴甘肃临行前要我问候主席，并且说只要有毛主席在心中，胜似雄兵百万。""赵寿山也是个儒将吗？"毛主席不等范明说完问道。范明解释说："蒋介石称孙蔚如为儒将，把赵寿山叫变色龙。""变色龙？怎么一个来历？"主席好奇地问道。范明解释说："这是特务头子戴笠在赵寿山受训期间，奉蒋介石的命令，对赵进行反复调查，给蒋介石的报告中说赵忽黑忽白忽红，又黑又白又红，难识其真正面目，是个老奸巨猾的变色龙。"毛主席听后笑着说："真是了不起呀，赵寿山在刺刀尖上长袖善舞，连戴笠也被糊弄了。"范明接着说："赵寿山自己说，昔日关云长之所以敢于单刀赴会，并不是因为有多高的武艺，而是因为有刘备的雄厚力量为他做后盾。他这次之所以敢到重庆单刀赴会，是因为有毛主席的百万雄兵做后盾。他对主席对他个人的躬亲指导和亲切关怀十分感谢。"毛主席称赞赵寿山说:"他的确是一个多谋善断、有胆有识,又善于随机应变的老将军。"之后,又问范明:"你们在这个复杂惊险的斗争中,能取得胜利的主要经验是什么?"范明想了一下,回答主席说:"一是靠毛主席的亲自领导和及时具体周密的指挥安排;二是靠统战法宝,有了这个法宝,在敌人的营垒里也能如鱼得水;三是认真执行'隐蔽精干,长期埋伏,积蓄力量,等待时机'的策略,切不可急躁冒进,过早暴露,前功尽弃。"范明又特意说道:"国民党有句话,'天不怕,地不怕,就怕共产党的统战化',可见统战法宝威力之大。"毛主席听后很高兴,他总结说:"你们把统战工作做活了,用你们的实践证明了统战部署的正确性。统战工作,就是利用一切可以利用的社会关系,广交一切可以交往的朋友,隐则藏于无形,待机而作,无为而后有为,显则化敌为友,千军万马为我所用。你们的经验很好,应当好好总结。总结要善于解剖麻雀,善于抓典型。麻雀虽小但肝胆俱全,解剖它就可以识微察机,见小知大。我之所以事无巨细抓你们的工作,就是这个道理。希望你按这个道理认真写个总结报告给我。"范明回答说:"我一定牢记主席的教导,努力写好报告。"之后,范明把在第三集团军建立党的支部和根据中央指示精神在临潼范明家里埋藏了大批枪支弹药准备日寇侵入关中时开展游击战争所用,以及三十八军党组织的有关安排事宜等一一向毛主席做了汇报。最后,毛主席指示说:"好了,休息一下,到中央党校去学习,改造学风、文风和思想作风。"范明回答说:"我一定努力学习。"接着和毛主席、任弼时等握手告别。

至此,范明结束了在国民党军队中的地下工作,愉快地走上了新的学习和工作岗位。

延安中共中央党校旧址

白区布点

1945年9月初，西北局秘书长兼统战部长张德生通过中央组织部，将范明调任为西北局统战部处长，负责管理西北地区地下党的工作和三十八军地下党的工作及统战工作。

延安花石砭原西北局旧址

1945年9月，中央决定大力开展白区（蒋介石统治区）布点（建立秘密据点）工作。西北局书记高岗开会回来随即召开了西北局常委扩大会议，传达了中央的决定。高岗首先说明了日本投降后，蒋介石准备大打内战的迹象很明显，我们必须一方面和平建国，另一方面必须利用大好时机，大力开展白区布点工作，建立一支强大的地下统战大军和地方武装大军，并对如何贯彻执行中央决定做了讨论和安排。高岗说：毛主席在听了他的有关汇报后，当场指明要范明负责把原第三十八军系统的党员干部和非党进步干部分别派到西北五省，在国民党统治区建立地下党军事据点，并要范明去陕西省委全权负责开展此项工作。

行前，高岗亲自给陕西省委写了一封信，内容是中央决定由范明全权负责第三十八军系统的党员干部和非党进步干部（实际上是指第三十八军当时所发展的党员培养对象）在蒋管区建立军事据点工作，要省委将边区内外的这类干部关系交给范明，以第三十八军系统的干部为基础，并结合省委原在各地此类力量完成这一重大任务。同时给范明派了警卫人员，配备了马匹，拨了经费。

10月上旬，范明到了驻马栏的中共陕西省委，把信交给了时任中共陕西省委书记的张德生和军事部长（统战部）汪锋，当即开始工作。范明首先从陕西省委关中教导团的第三十八军教导队（由第三十八军回到边区的干部所组成）。1944年5月中原会战时，日军一个师击溃了汤恩伯20万部队，将第三十八军全线暴露在敌人的包围圈中，使部队遭受重大损失。部队中被打散的一大批党员干部和进步人员逃散至关中地区。西北局指示中共陕西省委，将这批干部经蒙定军同志接受，送到马栏组成关中教导团第三十八军教导队，共100余人）中调出温伟当自己的秘书（温伟现名邓元温，原在第三十八军担任范明与毛主席通报的绝密译电员）。之后，又召回了西北特委工作负责人、原第三十八军工委书记蒙定军等有关同志以及陕西省委统战部的杨信等人负责查明第三十八军教导队这批人的社会关系和所在地区，并协助范明工作。在陕西省委的大力协助和同志们的积极配合下，范明负责先后向西北五省以及河南和四川（川北）等省派出625人，共建立126个统战据点和军事据点。这126个据点，如一颗颗埋藏在白区各地的定时炸弹，弄得国民党坐立不宁。

完成以上任务后，范明于12月下旬回到西北局，给西北局写了一份《关于在大后方建立第三十八军系统干部党员和非党干部名单简历与据点地区详细报告》，此报告现存中央档案馆。

在白区布的点中，共有原第三十八军共产党员和革命干部200余人，其中以蒙定军直接领导下的张志刚等组成的西北军事情报组和西北补给区司令部担任机要参谋的原第三十八军教导队学员党员杨萌东组这两个点，成绩最显著，他们分别将胡宗南部队以及在陕西、甘肃等地的其他国民党部队的编制、人事、战斗序列、兵力、驻地、作战计划、行动时间的情报，通过秘密电台或地下交通线，送到西北野战军彭德怀司令处，为蟠龙歼灭国民党一六七旅、瓦子街歼灭国民党第二十九军、青化砭战役等大捷，为保卫延安、解放西北贡献了力量，受到中央及彭德怀的表扬和奖励。

解放战争中，这批据点绝大部分起到了武装起义、瓦解国民党军事防线、开城门、放吊桥、提供军事情报、里应外合等重要作用，为解放大西北建立了不朽的功勋。其中主要的起义有：朝邑起义、白水起义、川北和汉中的起义、安康自卫军的起义、蒲城起义、渭南华县的起义、临潼起义、凤翔起义、天水起义、武都起义、蓝田起义、西安部分保安部队的起义、乌迁乔领导的国民党新第三十八军十七师在紫荆关的起义，以及由郝步青、王尚信等在河南开封、南阳、巩县等地领导的起义等。主要的据点有：以韩增友、罗曼中为首的同朝据点，以雷寒柏为首建立的合阳黑池据点，以王静远（王刚）、吴敬堂、张万北、王拯中等为首建立的二华（华阴、华县）据点，以韦应文、魏永清等为首建立的蒲城据点，以杨培材（杨振魁）、田焕贵等为首建立的白水和北同官（今铜川）据点，以薛高涛（薛宗厚）、李崇信等为首建立的周至、户县据点，以李云轩为首建立的咸阳据点，以杜刚、李康等为首建立的高陵据点，以伍峰山（伍力）、高秦生（高德芳）、宋世元、赵一平、武刚毅等人为首建立的川北、汉中、安康等地据点，以王廷杰、路志青等为首建立的天水、武都据点，以郝步青、王尚信等人为首建立的开封、南阳、巩县据点，以高慎之等为首建立的保安团，还有以孙乃华为首在三十五师电台建立的据点等。新中国成立后，这些同志大都回到了人民的怀抱，还有一些同志深入埋伏去了台湾，另有一些同志因被秘密派遣，以后又无法联系或已牺牲，其本人及家属长期背着反革命人员和家属的罪名，为此做出了重大牺牲。

这次白区布点共涉及七个省区。在布点期间，被捕叛变一人；起义中王尚信、孙乃华、袁诚生等牺牲；韩增友、罗曼中负责的同朝据点的同志，曾持范明写的信到范明家中，提取了1944年范明从第十八军撤离时带回埋藏的一批枪支弹药，组建了同朝游击武装。

白区布点工作是统战工作中一项成就辉煌的工作。瓦子街战役之后，彭德怀在总结会上曾深有感触地说："毛主席不仅是人民解放军的统帅，实际也是牵着蒋介石的鼻子走，指挥国民党军队的统帅。从现在多路统战同盟军起义和地下情报军所起的重要作用来看，毛主席不仅是解放军、国民党军的统帅，而且还是包括了统战军、地下情报军这四大方面军的统帅。由此可见，毛主席曾经预言三年打倒蒋介石、解放全中国，是有科学依据的战略论断，是指日可待的。"范明结合白区布点工作的实践，以及回顾解放战争时期国民党百万大军的起义投诚历史，对彭德怀风趣地概括和毛主席在制定党的三大法宝时（首见于《共产党人》发刊词）把"统战工作"放在首位，有了较深刻和全面的理解，这对他今后在野战军及民族工作中运用好统战法宝，起到了很大的作用。

12月，范明将白区布点工作做了全面的文字总结，返回西北局，将总结报告交给了张德生。此时，高岗已去东北，习仲勋接任西北局书记。此后，范明在习仲勋书记的直接领导下，开展对敌统战工作。

横山起义

矗立在陕西省横山县的横山起义纪念碑

　　1946年5月,蒋介石撕毁停战协定,命令国民党军队全面向解放区进攻。胡宗南部一方面不断增加包围陕甘宁边区的南线部队,一方面命令榆林的邓宝珊所属部队准备南下,命令青海、宁夏的马步芳、马鸿逵准备东进,企图一举消灭我军于陕甘宁边区。在这种态势下,中共中央积极领导边区军民加紧备战,提出了"保卫边区、保卫延安"的口号。在中央加强备战的会议上,毛主席对习仲勋说:"保卫延安、保卫边区,必须加强北线统战工作,争取榆林地区国民党部队起义,扩大保卫延安战争的回旋余地。"习仲勋在西北局党委扩大会议上,传达了毛主席这一重要指示,并当场决定派范明为代表,前去绥德地委蹲点,开展榆林地区统战工作,重点争取横山波罗堡陕北保安副总指挥胡景铎举行反内战起义,首先解放无定河以南特别是插在边区的尖刀——石湾地区。

起义发动地波罗堡

1946年6月间，范明携带着习仲勋给胡景铎在白绫子上所写的密函到了绥德地委。在地委书记白治民、专员杨和亭、军分区司令员吴岱峰、统战部长刘文蔚和副部长师源协助下，范明对榆林方面的情况进行了周密的调查研究，特别是对胡景铎的思想、政治、家庭和社会关系以至个人生活嗜好各方面的细节情况做了详尽的了解。由于胡景铎与习仲勋的特殊关系（老乡加同学）、范明家与胡家的社会关系（范明的伯父郝隆光系胡景铎胞兄胡景翼十大连的少校连长，在反北洋军阀陆建章战争中光荣牺牲，在富平美原镇上还有纪念石碑），组织做出了由范明化装成立诚中学（胡家的私立中学）教员，单刀赴会，争取胡景铎先行起义的决定。

胡景铎是著名爱国将领胡景翼将军的六弟，他在青年时代就积极上进，向往革命。抗日战争爆发后，胡景铎怀着满腔爱国热诚，弃学从戎，率领家乡子弟兵奔赴抗日前线，与日寇浴血奋战，功绩显著。抗战胜利前夕，他主动与习仲勋联系，表示对国民党统治集团的行径极为厌恶，并与胡希仲（胡景翼之子）一起，率领一大批进步青年北上榆横地区投奔其兄胡景通部，并准备进入边区参加革命。胡景铎所处地位和他本人的思想情况，使他成为我党北线首先争取起义的重点。

范明去胡部之前，师源已以八路军参谋的身份（时任绥德地委统战部副部长，也是富平人，与习仲勋、胡景铎同是富平立诚中学的同学）与胡景铎正面接触，并已私下初步谈及起义事项，且还在胡部队中建立了党的关系。

1946年9月底（阴历八月十五中秋节），范明在师源陪同下，由子洲县经过周家硷到了边区与敌占区交界的石湾，两人盟誓告别，范明只身进入石湾地区，按路线图直达石湾镇东口之桥头，以关中口音径呼门卫为乡党。范明声称是富平立诚中学的教员,要找他们的连长许秀岐(事前已通知许)。卫兵扭身转入城内报告,许当即随兵而出。二人如同故旧相逢一般,携手进入许的私室。范明对许秀岐说,他是立诚中学教员,要前去波罗镇会见胡景铎,许即热情招待,当晚,范明宿在了许家。翌晨,许秀岐派了一位上士班长和一匹马随行范明,经过两天的沙漠行军,顺利安全地到达了波罗镇,进入了胡景铎的指挥部。范明首先见到了胡的秘书章纯(张怡良)和姚绍文,说明胡老太太要范明见胡景铎的来意。章纯向胡通报后,胡即派警卫员肖家寿抱着胡的独生子五旦(胡希捷)前来见范明。范明立即将孩子抱在怀中,叫着五旦名字,以伯父身份给孩子200元法币(国民党纸币),以示知己之意。随后,肖家寿带范明进入了胡景铎的私室,范、胡二人一见如故。范明向胡景铎简单寒暄和自我介绍后,说明了劝他起义的来意并转交了习仲勋的密信。胡景铎进一步表明了他起义的决心,并相约于翌日到波罗堡南城门楼上密谈。

2013年胡景铎之子胡希捷在接受采访中,追忆这段历史说:"我父亲和习老(习仲勋)是同窗好友。我父亲和我大哥胡希仲两人商议,要到边区去找习仲勋,投奔革命,因为他们在国民党这个部队里边,看到了国民党的腐败,看到了国民党不是真正地为老百姓办事。范明同志去波罗堡(和我父亲)商谈了具体起义的事情,并明确了中央同意我父亲入党。"

次日清晨，在严密警戒下，范明和胡景铎在南城门楼上纵论革命大好形势，详谈起义事宜，很是情投意合。他们决定于10月10日国民党国庆日起义。之后，由胡景铎派人把范明送到边区米脂县中共县委朱侠夫处。米脂县委给送范明来的那个副官及胡景铎赠送了礼物。范明由米脂回到绥德后，立即将以上情况向西北局发了电报，西北局复电要范明即回延安面议。随即，范明由绥德回到延安，向组织上做了详细汇报，后经西北局报中央后，批准了范明与胡拟订的起义计划，并决定让准备北线战役（解放榆林，后放弃）的联防司令部派新四旅和教导旅开拔到北线配合，伺机夺取响水堡和横山县。

9月下旬，范明从延安又到了绥德地委。因无定河河水上涨，起义日期改为10月13日。12日夜晚，范明率新四旅一个加强连（并带有通讯电台）和50多名干部经响水西南水沟边境出发，经过了沙漠地区，于拂晓前按计划到达了距离波罗堡南门约500米处的南土台。范明将部队部署就绪后，命令摇动约定旗号，城上随即发号接应。胡景铎率领起义官佐和警卫人员打开了城门，前往土台与范明会见。两军会合后，范明率部进入胡景铎的司令部，胡景铎向范明介绍了起义成功的经过（在范明到达之前，胡已率国民党第二十二军八十六师新编十一旅及保安第九团5000余人宣布起义）。随后，由人民解放军接替了城防，对内防止反动部队之哗变，对外防备响水方面来敌袭击。接防当天，胡景铎发表了起义宣言和号召榆林邓宝珊等退出内战、为和平建国而奋斗的通电。

范明和部队进入波罗堡后，即用电台向西北局和中央报告了起义成功的喜讯。

10月16日，即起义后第三日，胡景铎奉命率部与陕甘宁晋绥联防军王世泰、张仲良、徐立清分别率领的新四旅、教导旅、警二旅会合。之后，范明在响水南某村参加了北线指挥部会议。会议讨论了毛主席关于利用波罗和横山起义胜利机会，乘胜解放榆林、扩大北线作战回旋余地的电报指示，决定了围城打援的作战计划。范明参加了这次的响水战役和解放榆横战役。战斗先后解放了横山、响水堡和无定河以南2万多平方公里的地区和12万人口。战役后，部队回到了波罗堡，奉中央和西北局之命，重编、组建成立了西北民主联军骑兵第六师。中央任命胡景铎为第六师师长，范明为政治委员兼党委书记。为了与人民解放军有所区别，组织策略地考虑，将政治委员改任为政治部主任兼党委书记。

11月15日，在波罗堡举行了庆祝大会和阅兵典礼，胡景铎和范明分别讲了话。由于横山起义的王锁子叛变和骑六师内部个别连队企图叛变，毛主席毅然决定要起义部队到延安接受整训。当时，有许多人不理解，尤其是搞保卫工作的同志顾虑重重。他们害怕几千人进入延安，会给延安造成一种难以控制的不安定局面，危害毛主席及其他中央首长的安全，于是密电向范明询问究竟。范明当即复电详述利害得失，坚决拥护毛主席这一英明决定。

11月中旬，起义部队分前后两个梯队经镇川堡、绥德地区，顺利到达延安，受到了数万军民的热烈欢迎。当时的《解放日报》报道了骑六师抵达延安受到军民热烈欢迎的盛况。

1946年10月23日延安出版的《解放日报》头版头条新闻特大号字
主题：横山驻军五千起义

习仲勋
西北局书记

胡景铎
西北民主联军骑兵第六师师长

张德生
西北局秘书长
兼统战部部长

1946年10月，在习仲勋、张德生等人的努力下，胡景铎率部队起义成功。12月，张德生代表西北局到延安郊外迎接胡景铎部

12月12日，毛主席在晋绥区联防司令部接见了骑六师营以上官佐。习仲勋向毛主席介绍了被接见的人员。当介绍范明时，毛主席一把拉过范明的手，笑着说："郝克勇同志，许久不见，你又从这里拱出来了！"没待范明回答，习仲勋连忙更正说："这是范明同志。"毛主席说："晓得。郝克勇是他在第三十八军的原名，范明这个名字，还是我帮他取的。你们还不知道？"毛主席握着范明的手解释说。人员介绍完毕，习仲勋请毛主席讲话。毛主席在对胡景铎以及起义官佐表示赞扬和欢迎之意后，开始了一篇惊天动地的讲话。

"国民党是一个大党，国民党的军队是一个大军队，国民党的船很大，但千疮百孔，是一只快要沉没的船。许多有识之士，都看到了这一点，大家都想从这只快要沉没的大船上搬下来，为自己寻找新的出路。你们这次找到了自己的出路，这就是上了共产党的船。这只船现在虽然还很小，但这将是一只不断扩大的船。这只船非常结实，非常严实，并不像有些人所说的那样是一只'贼船'，而是铁梆梆结实的大船。事物的发展都是从无到有、从小到大、从失败走向胜利。我们现在虽然还处于困难时期，但统筹全局来看，我们在三年内就要打倒蒋介石！解放全中国！"大家听着毛主席形象比喻的论断，一时呼吸加快，逐渐兴奋起来。毛主席继续说："在胜利时头脑发热，对形势所做的估计往往是不足的，带有一定的虚假性；在困难时，头脑冷静，对形势的估计往往比较客观，具有高度的科学预见性。我们现在理性，再加上我们有正确的政治纲领，有忠诚于革命事业的干部和战士，有广大人民群众的拥护，三年内，顶多五年内打倒蒋介石、解放全中国是无疑的。"大家热烈鼓掌。之后，毛主席又接着说："把国民党这只腐蚀的破船打翻，使它遭到灭顶之灾，然后在我们辽阔的国土上，建立起一个独立、自由、幸福的新中国。"不出毛主席所料，经过了三年解放战争，共产党打倒了蒋介石，解放了全中国，于1949年10月1日建立了新中国。

中共中央西北局领导同志接见骑六师领导干部曹力如（左二）、张德生（左三）、胡景铎（左四）、习仲勋（左五）、范明（右三）

1946年11月29日，在武镇，胡景铎师长动员部队南下延安，保卫党中央，保卫毛主席

1946年12月17日，起义部队领导干部到达延安机场

骑六师领导干部在延安交际处合影。前排自左至右：李振华、张午、范芷英、范明、胡景铎、师源、姚绍文

横山起义胜利后,在延安,范明(右三)与夫人梁枫(右二)和家人合影。右四为三子郝延政,右一为二女儿郝晓延

2013年10月，在习仲勋同志诞辰100周年纪念日前后，央视播放纪念习仲勋的纪录片第二集《纵横西北》，范明在片中回忆了在横山起义时与习仲勋共事的经历。

"我公开讲我是什么人，是习仲勋把我派来的，要我来看你，叫你起义，就是这样。因为他们知道我们的关系，绝对不会出卖我们的。胡景铎把我接进去，开了三天三夜的会，研究如何起义，到城门楼上，把那些起义的计划写了十大条，搞了以后，拍了板，约的是10月10号起义。回来以后我们就赶紧给习仲勋打了电报，习仲勋就坐了专车，到绥德来跟我见面，研究以后就决定要起义。起义前一天，我们晚上把部队集合好，约好了到他的那个墩台上就打旗号，打了旗号以后，胡景铎的部队就起义了，把那些国民党的都绑起来，然后把城门开开，过来把我们迎进去。"

横山起义规模不算大，但它却是陕西境内从大革命失败到西安解放之前参与人数最多、规模最大、最为成功的一次起义。这是在党中央、毛主席的亲自指挥下，由西北局书记习仲勋策划和组织，由胡景铎、师源和范明以及其他许多同志共同努力取得的一次重大胜利。它的直接硕果是榆横特区建立，为党中央转战陕北提供了较大的回旋余地。骑六师随后成为西北野战军（一野）的主力之一，在解放战争中建立了不朽的功勋。横山起义发生在国民党气焰嚣张要一举消灭中国共产党的首脑机关、敌强我弱、形势危急和许多同志和朋友对革命前途感到忧虑之时，它在政治上和军事上所产生的重大影响是不可低估的。

第四章 解放大西北

转战陕北

　　1947年初,国民党军以43个旅约32万人,向延安发动进攻。中央军委于2月10日下令,以第一纵队、教导旅、新编第四旅、警备第一旅等共2.8万余人,组成陕甘宁野战集团军。任命张宗逊为司令员,习仲勋为政治委员。

　　1947年3月2日,中共西北局书记习仲勋和西北城工部部长李维汉通知范明,中央决定调范明到陕甘宁野战集团军敌工部工作,任陕甘宁野战集团军敌工部部长。即日毛主席接见了陕甘宁野战集团军政治部主任徐立清和范明。毛主席就如何搞好敌军工作做了重要指示。毛主席对范明讲:"这次组织上调你这个老统战去搞敌军工作,是战略上的一个大转变的需要。过去把敌工部叫'破坏部',结果没有破坏敌人而是破坏了我们在敌军中的隐蔽力量,自己搬起石头砸了自己的脚。徐立清同志是红四方面军的老人手,这方面的情况较熟悉。这次调你去做敌军工作,除了做好优待俘虏、改造俘虏、争取将俘虏补充到我军外,更重要的是把过去做敌军工作的那一套转化成联络工作、统战工作,化敌为友,化友为我。之外还要牢记一条——没有强大的武装力量做后盾,这个统战也是统不起来的。由此可见,枪杆子不仅可以创造政权,创造地下党,也可以创造统战工作。"毛主席问范明是否明白这个道理,范明回答说:"明白。没有强大的武装力量战胜敌人,单纯的统战工作是难以奏效的。"毛主席听后高兴地站起身来笑着说:"好的,好的,祝你马到成功!"毛主席把范明和徐立清送出门外,握手告别。

西华池战役

　　陕甘宁野战集团军于1947年3月5日拂晓前,发动了围歼侵入陇东地区合水西华池的胡宗南部第四十八旅的战斗。这次战斗是保卫延安的第一仗,歼敌1500余人,击毙敌旅长何奇。范明参加了西华池战斗。

西华池战前范明（左）与组织部长张国声（中）、民运部长鲁直（右）合影

1947年3月16日，中共中央军委决定撤销陕甘宁人民解放军野战集团军番号，成立人民解放军西北野战军（简称西野），任命彭德怀为中国人民解放军副总司令兼西北野战军司令员兼政治委员，组建了西野司令部和政治部。任命张宗逊为西野副司令员、习仲勋为副政治委员、张文舟为参谋长、王政柱为副参谋长、徐立清为政治部主任、张德生为政治部副主任。

1947年3月20日，彭德怀召集徐立清、张德生和范明谈话，这是范明第一次见彭德怀。谈话后决定，将敌工部改为联络部，任命范明为部长。彭德怀语重心长地特别叮嘱范明："毛主席告诉我，范明同志在统战联络工作方面很有经验。你在徐立清、张德生同志的直接领导下，要和过去做过地下工作的阎揆要、张文舟等同志多联系多配合。"从此，西野在对内对外发布的布告上，开始采用联络部的名义宣传。

青化砭伏击战

人民解放军西北野战军成立后，1947年3月25日，彭德怀设伏首战青化砭，歼灭胡宗南部第二十七师第三十一旅旅部和一个加强团，俘虏旅长李纪云、副旅长周贵昌、参谋长熊宗继及以下官兵3000余人，取得了撤离延安后的首战胜利。范明参加了这次青化砭伏击战。

彭德怀（左二）、习仲勋（右二）、张文舟(右一)、徐立清（左一）青化砭察看地形

蟠龙战役

1947年5月4日，范明参加了我军发起的蟠龙战役。此次战役共消灭胡宗南第一六七旅约6000人，俘虏旅长李昆岗，缴获军服4万多套、面粉1万余袋、子弹数百万发、药品无数。

我军在攻歼蟠龙守敌

蟠龙战役结束后，西北野战军总部决定在真武洞召开万人庆祝蟠龙战役大捷的胜利大会。彭德怀命范明与曹力如负责筹备大会会场事宜。5月14日下午4时，在民众剧团和西北文工团敲锣打鼓、民间铳炮隆隆声中，边区军民5万多人，有条不紊地进入会场，具有伟大历史意义的真武洞祝捷大会开始了。大会上，周副主席代表党中央和毛主席向英勇善战、有卓著功勋的西北野战军指战员致以热情洋溢的祝贺！并宣布党中央和毛主席继续留在陕北指挥边区军民和全国人民与敌人战斗，直到取得胜利。

沙家店、瓦子街战役

1947年8月，范明随军参加了歼灭胡宗南整编第一六三师第一二三旅全部及第一六五旅大部的沙家店战役。此次战役共歼敌6000余人，俘虏第一二三旅旅长刘子奇。8月21日，毛泽东、周恩来、任弼时到西北野战军司令部驻地前东原村，祝贺参战的全体同志取得胜利。

我军在攻歼沙家店守敌

1947年12月25—26日，范明列席了中共中央在米脂县杨家沟举行的著名的杨家沟会议（也称米脂会议），亲耳聆听了毛泽东主席做的《目前形势和我们的任务》的报告

1947年10月，范明参加了清涧战役，活捉了胡宗南整编第七十六师中将师长廖昂。在审讯中，范明第一次了解电台侦察的存在和性能，这对以后我军对付敌人的侦察起到了很好的防御作用。

1948年2月底，范明随野战军参加瓦子街战役，图为瓦子街战役烈士陵园

1948年3月3日，范明参加了围攻洛川的战役，亲自到洛川前线的石家庄村，对敌人进行瓦解喊话，取得了很好的成绩。战后，范明在西野小报上发表的《瓦解敌军的政治工作》文章，很快在全国各战区的报纸和其他材料上转载。

配合荔北战役,范明组织了朝邑起义

1948年10月5日,胡宗南部的五个军部署在大荔、永丰、蒲城地区,两个军部署在富平、兴平一线,阻止我军南下威胁潼关或再出西府。为配合中原及晋中秋季我军的进攻,彭德怀遵照中央指示,集中西野五个纵队发起荔北战役。

1948年10月5日,西北野战军向大荔以北、蒲城以南的国民党军发动全面进攻

为了配合战役,西野前委指示,组织朝邑县保警队、常备队千余官兵起义,以牵制敌人右翼,消灭朝邑县敌人,控制平民县敌人,扰乱大荔县敌人。

朝邑县保警队和常备队的队长均为我地下党员,范明也派联络部的朱茂才去向中共朝邑、平民地方工作委员会书记(也是范明在延安白区布点时派出的人员之一韩增友)传达起义指示。

荔北战役前一天,副主任张德生要范明去彭德怀办公室接受指示。彭德怀见范明后,询问范明与韩增友、罗曼中过去的关系。范明回答后彭德怀又问:"朝邑起义的命令下达了吗?"范明说:"下达了。"彭德怀接着说:"咱们这次要啃骨头,在荔北一带消

灭敌军。"彭德怀讲了敌我兵力部署情况后说:"分兵困难,我们要在铁镰山一线和敌人作战,左翼不能运动大部队,也分不出部队来,若用大部队不好行动,小部队又易被敌人吃掉,一边是黄河,一边是敌人,侧敌侧水,为兵家所忌。"随后面带微笑征询范明的意见:"带多少部队?大部队不能带,带些部队去组织策动起义,我给你一个加强营,要把这一个营当作一个师用。起义后,一定要卡住三河口,监视渭河以南之敌,保证我军左翼的安全。你如何实施这一计划?"范明思索后回答:"一是部队采取急行军,尽早赶到目的地;二是采取偷袭的办法,里应外合,变不利为有利,出其不意,攻其不备。"彭德怀听后连连点头说:"好的!好的!"又问:"假若部队受阻,起义不成,你如何处理?"范明说:"若起义不成,我们最低限度赶到朝邑,争取在大荔、朝邑一带的高城村去阻击敌人,以待援军。"彭德怀又叮咛说:"胜利之时要防止失败,除给你一个加强营,再给你配备韩城、合阳支队共1800人。"

前委命令组成一个临时党委,任命范明为书记,任命关中地委派来配合工作的负责陕东一带党的地方工作的副书记王俊为副书记。命令宣布后,范明立即带了联络部的秘书科科长王直和王俊,先到一野三纵司令部见了许光达司令员。许令独立第五旅第十五团第三营跟随范明执行任务,营长叫吴先举。

部队以急行军速度赶到合阳县黑池镇,随即范明等带部队向朝邑鲁坡村进发。当部队行至途中的一个小镇时,突然前边有人问口令,部队前哨即开枪射击,将敌哨兵打死。部队冲进敌营内,俘获了敌人在该镇的缉私队。

部队到达鲁坡村后,韩增友(新中国成立后为朝邑县委书记)将范明一行带到一个油坊,看望了韩增友的父亲。乡亲们也为部队送来了不少吃的和开水。在韩增友家吃饭前,韩简单汇报了平朝地区的情况,大家又一起研究了工作。饭后,部队继续向朝邑前进。

10月6日10时,范明带部队到朝邑城下,用约好的旗语与罗曼中、杨海潮取得联系,方知他们已经起义成功。范明与王俊、苏史青、郭部长、王直、冯达、韩增友、刘钟谐等进入朝邑城内。范明在朝邑街上巡视一周,发现店铺都照常开门营业。此刻,敌兵就在洛河南岸。为防敌突袭，范明命随去的部队在朝邑周围布防，并派左文辉的一个排负责巡逻。

朝邑起义部队士气很旺，纪律严明，对我们党的城市政策执行得很好。当起义部队打开了敌人的被服库时，大街骚动起来，但终究没有发生意外事情。范明等带领的接应部队也表现出了良好的素质，没有向杨海潮（起义首领）要枪、子弹或其他东西。

朝邑起义一枪未放取得了胜利，这是罗曼中、杨海潮精心组织的结果，也是正确执行党的政策、遵守党的纪律的结果。起义的整个过程，市民不惊，街市未停，秩序井然，好像没有发生什么事情一样。这绝不是一个人的力量所能做到的。

10月7日，范明向彭德怀发报，汇报了朝邑起义的情况。10月8日，起义部队撤到步昌进行休整。这时彭德怀发来电报，要求对这两支武装进行改编。起义部队编为中国人民解放军朝邑支队，下辖三个营，保警队为第一营，常备队为第二营，其他乡间武装为第三营。任杨海潮为支队司令、王宴亭为副司令、罗曼中为政委。10月13日，范明和朝邑支队一起北上，到韩城进行整训。在此期间（不确切），彭德怀发来了嘉勉电。电报有两个，一个是发给起义部队祝贺朝邑起义成功；另一个是对俘获敌第十七师一四四团残部百余人一事予以嘉奖。嘉奖令是范明拟定，彭德怀亲笔批示的。

朝邑起义从军事上说，对荔北战役起了保证侧翼安全的作用。当时大荔城内的敌人准备留一个营守城，用一个团去打解放军侧翼。对此，范明派杨森带部队佯攻大荔东门，又在起义之后，给大荔方面的敌人打了个电话，报告朝邑方面无情况，致使敌人对朝邑情况判断不清，龟缩在城内未敢轻举妄动，另外俘获了包括一个副团长在内的100余敌人。朝邑起义后，被我军打散的百余敌人由一个副团长带到朝邑县。范明得知后，即派王宴亭和一个连长与敌谈判，同时布置好部队，架好机枪，让敌人一个一个从城门缝里进来。进来一个就抓一个，100多人全当了俘虏。朝邑起义是在精心策划、周密部署下进行的。部队纪律严明，秋毫无犯，缴获了很多武器、弹药，全部上交。朝邑丰图义仓修得十分宏伟，起义后，决定开仓济贫，临走时还拉走了一部分粮食。起义军还生俘伪县长、书记长、科长以下200余人，以及各类情报组织的特务50余人。

1948年10月23日，新华社以《国民党军的光荣道路》为题发布消息，介绍朝邑起义的经过。1949年1月22日，中共中央西北局转发了关于组织朝邑保警队、常备队起义的经验介绍，指出"朝邑起义是我们开展敌军工作的一个成功典型，是朝邑党组织重视武装工作的结果，其经验值得各地很好学习"。

朝邑起义的胜利也是原三十八军党的工作和白区布点工作的成果，韩增友、罗曼中、杨海潮等一批主要人员均为三十八军地下党的党员，又是白区布点时派下去的骨干。他们发挥了应有的作用，为党和人民立了功。

朝邑起义指挥部旧址

朝邑据点负责人韩增友（左）、朝邑据点负责人罗曼中（中）、合阳据点负责人雷寒柏（右）

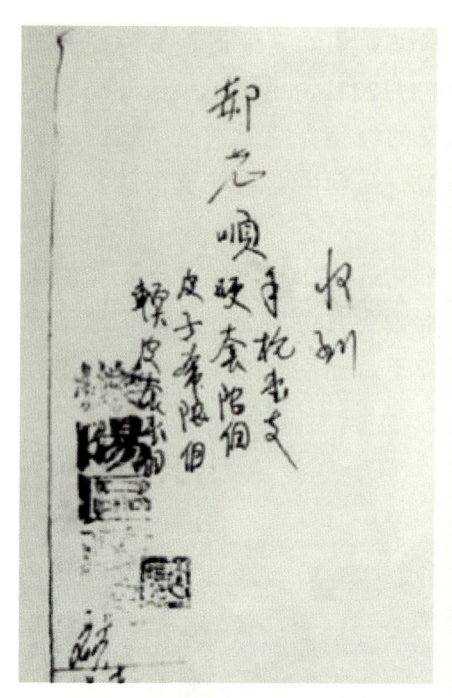

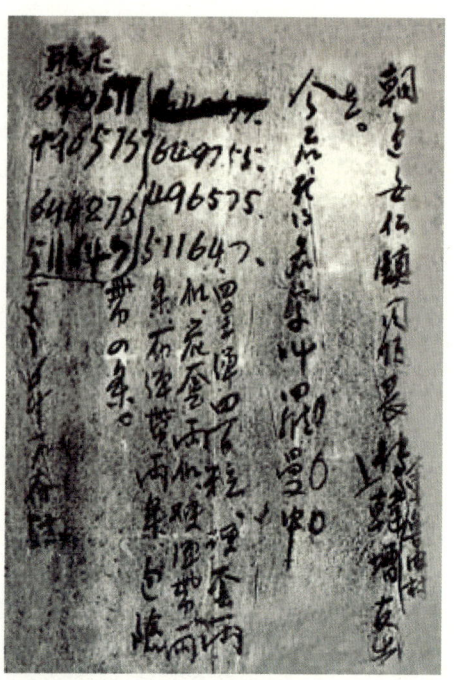

韩增友、罗曼中为了组织朝邑起义，派人到范明老家郝克顺处取枪的收条

1984年冬，大荔县政协和党史办同志采访范明（右三）和罗曼中（右二），了解朝邑起义的过程

解放西安

1949年1月,根据中央军委命令,西北野战军改称为中国人民解放军第一野战军(简称一野),彭德怀任司令员兼政委,张宗逊、赵寿山任副司令员,习仲勋任副政委,阎揆要任参谋长,甘泗淇任政治部主任,张德生任政治部副主任,范明仍任政治部秘书长兼联络部长。

任中国人民解放军第一野战军联络部长时期的范明

1949年5月4日,第一野战军发起陕中战役。范明率联络部及时协同西安地区的地下党,策动国民党西安团管400余人和国民党西安市民众自卫总队2000余人起义。5月20日,第一野战军第六军四十九团首先到达西安西门,起义了的自卫总队下令停止抵抗,我军迅速进入市区。西安解放了。

解放军炮兵部队进入西安市,抵达西安钟楼

5月20日，第一野战军政治部副主任张德生带领范明先进了西安城，协助西安地下党组织，进行了肃清敌特、安定社会秩序、建立各种治安机构的工作。

为了扩大战果，迅速解放渭河以南东府地区各县，加强对国民党正规部队和地方武装的策反工作，范明与第六军政委徐立清、副军长张贤约等平息了西安市区敌人的破坏后，又派第六军十六师联络科长胡田勋去蓝田，与蓝田县自卫队长魏玉山联络起义事宜。胡田勋化装成国民党军官，连夜赶赴蓝田，经过一场激烈的斗争，蓝田县自卫队终于摆脱驻蓝田的国民党正规军的监控，于5月23日成功起义。解放了蓝田，所驻国民党正规军南逃，为此保证了西安东南门户的安全，稳定了西安的民心。

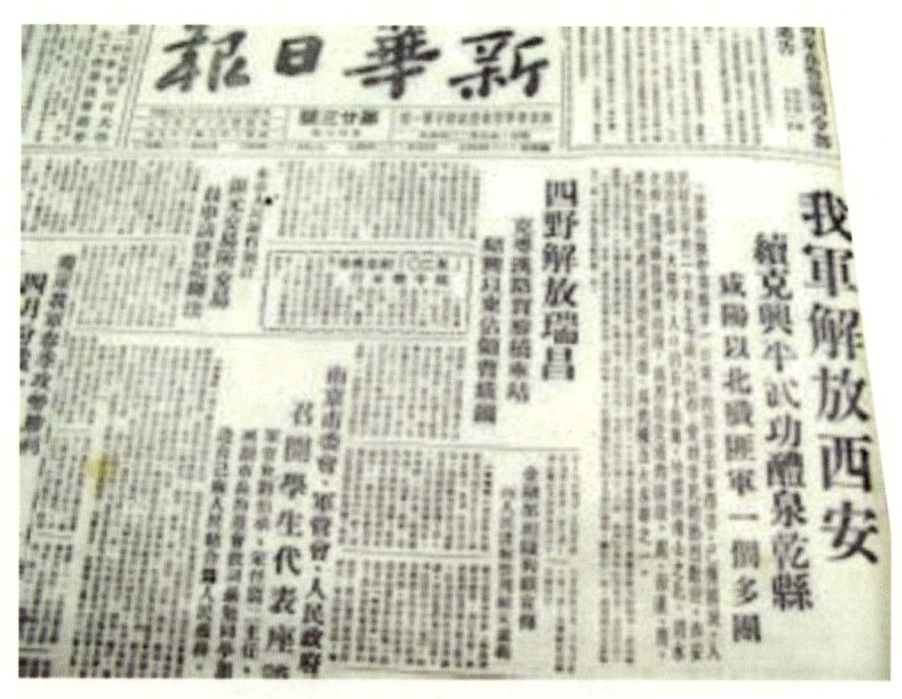

1949年5月20日，《新华日报》头版报道了西安解放的消息

扶眉战役

　　7月10日，范明参加了扶眉战役。此役歼敌4.4万余人，解放了8座县城和八百里秦川西部广大地区，取得西北战场的空前胜利，从根本上改变了敌我力量的对比。我军已完全掌握了战争的主动权。范明为第一野战军政治部起草了《奋勇前进解放大西北》的政治鼓动和指示文，经前委讨论修改后发给了第一野战军全军。

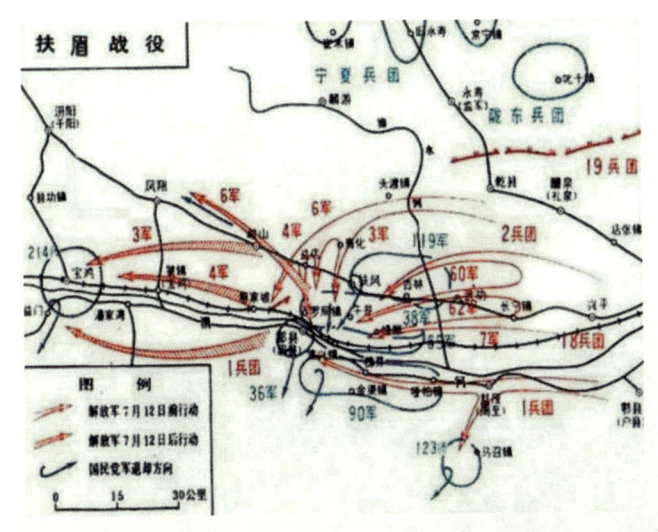

扶眉战役中范明（右一）亲临青化镇战地前沿察看地形

解放兰州

　　第一野战军于1949年8月进行的兰州战役是一次大规模的城市攻坚战，也是解放大西北中最关键、最激烈的一次决战。第一野战军以伤亡8700余人的代价，歼敌2.7万余人，消灭了马步芳集团的主力，使西北其他反动军队完全陷入分散、孤立的境地。战役打通了进军青海、宁夏和河西走廊的门户，为新疆乃至整个西北地区的解放铺平了道路。范明参加了这次兰州攻坚战。

　　入兰州城的第一天，第一野战军副司令员张宗逊即派范明负责抢修正在焚烧着的兰州黄河大铁桥。经过昼夜奋战，修桥部队一周内完成了修复任务，受到第一野战军司令部的表扬。

1949年8月26日，第一野战军由兰州东门开进市区

解放军攻占兰州黄河铁桥

第五章 西北民族工作

和平解放宁夏

　　1949年9月,彭德怀指示范明与十九兵团杨得志司令员、潘自力政治部主任等人研究和平解放宁夏的方案。范明建议,以兰州有名望的回族领袖郭南浦为主,原马鸿逵部下现任保安旅旅长吴新吾为辅,组成兰州各界赴宁夏劝和代表团,随十九兵团到宁夏进行劝和工作。后来,经过艰苦复杂的政治劝和与军事斗争,终于争取到马鸿宾率八十一军起义,和平解放了宁夏全境。十九兵团为此还给郭南浦赠送了一面写着"和平老人"的锦旗。

1949年10月7日,人民解放军在银川举行隆重的入城仪式

和平解放新疆

对于解放大西北中可能遇到的民族问题，彭德怀早就开始筹划。1949年8月26日，兰州战役结束,这次战役打通了进军新疆的门户，意义重大。8月28日，范明又奉命起草了《告甘、青、宁、新回蒙藏族同胞书》，尽述青宁二马与胡、蒋罪状，阐明我党的民族、宗教政策，由第一野战军政治部广泛散发。

兰州解放后，彭德怀命范明除了要做好甘肃陇南周祥初部，宁夏马鸿宾、马敦静、藏族班禅、黄正清和兰州回族上层的统战联络工作之外，还要未雨绸缪，大力做好新疆方面的统战联络工作。范明当即将联络部里从西安来到兰州的一批曾在新疆工作过的上层统战人士和兰州对新疆情况熟悉的上层统战人士以及新疆在兰州的青年知识分子、维吾尔族的上层统战人士共计100余人组织起来，创办了新疆问题研究会，由范明任会长，冯一夫、高剑夫任教务主任，魏灵峰任总务主任，编印了《新疆问题调查手册》，并就此进行了认真的讨论学习。之后，通过与陶峙岳有密切关系的崔景汉、袁志伊，派出了于时谦、王维墉、杨仲贤、叶夫里等30余人，与陶峙岳、杨廷英、曾震五、蒙古亲王乔家璞等取得了初步联系，同时，又组织在兰州以经商为名的维吾尔族的艾买提·瓦吉里、依斯马依等30余人组成了新疆工作团，准备随军赴新疆进行统战联络工作。

9月初，彭德怀忽然叫范明到三爱堂司令部，要范明与苏联派驻兰州的情报人员——高昌商店经理艾买提·瓦吉里接头，邀请他到司令部细谈。范明通过兰州市原地下党负责人王新潮和地下党兰州市委书记杨实等同志，对艾买提·瓦吉里的情况做了周详的了解，随后通过高昌商店汉族副经理余奠芬与艾买提取得联系，并于当晚将艾买提秘密接到彭德怀的办公室。彭德怀一个人站在新疆地图前，凝视着插在图上的蓝色小旗子，范明等人刚进门，他便转过身来和艾买提热烈握手。寒暄几句后，彭德怀说共产国际已将艾买提的关系转来，艾买提随即答应大家以同志相称。彭德怀开始询问新疆国民党军的部署情况和陶峙岳、曾震五以及各界头头的姓名和驻防情况，并一一用小旗做标识，插在地图上。范明站在彭德怀旁边想帮他插标旗，遭到他的拒绝。谈话一直持续到深夜，才由范明将艾买提送走。隔了两天，彭德怀忽然叫范明通知艾买提，说要到艾买提家拜访。范明立即带着交际处处长李林初和贾志璞等到艾买提家打招呼。艾买提家受宠若惊，立刻忙了起来。正在做准备时，彭德怀和张宗逊、张德生等已爬上南山坡进了艾买提家的门。艾买提和夫人、孩子们按照维吾尔族习俗，请彭德怀等坐在毛毡上，献上奶茶，并给彭德怀和张宗逊献了维吾尔族高贵的礼品——维族花帽。艾买提又和他的儿子一起在院内跳起了维吾尔族舞蹈，以示欢迎，并请大家吃了手抓饭，宾主相谈甚欢。彭德怀邀请艾买提担任和平解放新疆代表团团长，随王震前去新疆开展联络工作。第二天，彭德怀即带着艾买提·瓦吉里等一行到达酒泉王震的司令部，召集师以上干部介绍了新疆的情况，制订了进军新疆的周密计划。

1949年9月15日前后，范明奉彭德怀指令，到机场找第一野战军西北空军副政委赵光远联系，接国民党新疆警备司令陶峙岳的秘密特使国民党第八补给区中将司令曾震五将军。曾震五将军是代表新疆警备总司令部和河西警备司令部，正式与彭德怀就起义的具体问题来进行协商的。范明将绝密客人安排到联络部独院式的秘密招待所住下待命。

晚上8点钟，彭德怀命范明陪同"客人"到他卧室密谈。彭德怀严肃地告诉范明说：这件事关系特别重大，一要周密安排，二要保守秘密，三要热情地高规格接待。范明准时接曾震五到三爱堂见到彭德怀。曾震五虽然没有穿军装，但还是以军人的姿态向彭德怀敬了军礼，彭德怀也以军礼相答，然后二人握手问好，彭招待烟茶。照常规，范明请示彭德怀是否退下。彭德怀摆摆手说，不要走，不要笔录，用心记。彭德怀向曾震五介绍了范明。之后，彭德怀用很重的湖南口音对曾说："洛阳一别，恰逢十载，老友重会，十分难得！"曾震五回答："是呀，天道好还，仅仅十年，贵党便取得了'攘外安内'的双重胜利，岂非天意？"彭德怀接着说："震五兄，本无天意，实为民意。得民者昌，失民者亡，自古皆然。陶兄纵观全局，深明大义，派曾兄前来商讨起义事宜，十分得体。望兄畅所欲言，不要拘谨。"于是，曾震五毫无隐讳地将陶峙岳要起义

新疆省原警备总司令陶峙岳　　　　国民党原新疆省主席包尔汉

的决心和起义的有利与不利条件，以及如何进行切实准备等问题和盘托出，请求彭德怀面授机宜。彭德怀一条一条地做了详细答复和说明。彭总看着地图，建议把新疆划为南疆、北疆和伊犁三个区互相协作部署；对不愿参加起义的叶、罗、马等人给予宽大处理，对个别问题反复斟酌。密谈直至凌晨2点多钟，才由范明陪曾到住地休息。这次密谈最终确定了新疆和平解放大计。

　　送走了曾震五，范明刚回到联络部，彭德怀就打来电话，要范明速将谈话要点整理成一份提纲，第二天上午8点前交给他。彭德怀问道："你没打瞌睡吧？记清楚了吗？"范明回答说："记清楚了，一定按时完成任务。"彭德怀又和蔼地说："你辛苦一下吧！知道为什么不让你当场做记录吗？"范明思索一下说："怕影响对方的畅所欲言。"彭德怀笑起来说："好的，你是个统战里手。"

　　范明连夜将《谈话纪要》提纲写好，一大早即送给了彭德怀，随即就又发送给了中央。彭德怀又命范明准备一桌最好的酒席，下午就在联络部驻地的小客厅招待曾震五。彭德怀问范明："你准备搞啥子席？"范明说："海参、鱿鱼之类吧。"彭德怀断然道："不行，当联络部部长不知道当地名贵酒席还行？必须把烤猪娃、醉锅鱼加上。"范明一时着急，答道："兰州解放后，你在宴会上对全军宣布过这是暴殄天物，不准再吃。"彭德怀笑着说："好厉害嘛，在这儿等着我。乱弹琴，你是只知其一，不知其二，这叫内外有别，工作需要，意义不同，懂吗？"范明急忙答应："是！"回到联络部即让人请了两名当地的名厨，做了烤猪娃和醉锅鱼。还不到下午4点，彭德怀一个人即先到了联络部，还亲自把宴请菜单查看了一番。4点钟，曾震五按时赴约。范明陪他俩一起吃饭，喝了当时的名牌"金辉"牌白酒。几人边吃边谈，不仅把昨晚所谈主要内容又复述一遍，而且巧借菜名为题解说共产主义并不是"苦行主义"的道理，气氛十分融洽。宴会后，几人便分头去休息。

午夜12时，彭德怀忽然打电话要范明即刻去见他，范明急忙赶去。一进门彭德怀就问道："你准备给陶峙岳送啥子礼品？"范明说："兰州没有什么名贵礼品可送。"彭德怀说："我考虑最好送些'加利克'香烟（即英国著名的"狮头人身"牌香烟）。"范明有些迟疑地说："为什么一定要送这类贵族的奢侈品？"彭德怀一听就发火了："乱弹琴！你这个联络部长连这点道理都不懂，为的是消除人家对今后生活的顾虑！从表面看这是件生活小事，但从内心看，往往又是件大事。"范明这才恍然大悟，急忙回到联络部动员有关同志四处寻找。直到天亮还是一盒也没有找到，最后不得不把给马继援看守公馆的回族老头找来询问，谁知竟是"踏破铁鞋无觅处，得来全不费功夫"！原来马继援最爱抽这种回民叫作"卧牛"牌的香烟，马从兰州逃跑时曾将一批这种烟藏在卧室的夹墙里。范明当即取出三大箱，由曾震五转送陶峙岳，并请曾转达彭德怀对陶的问候。

与此同时，毛主席、周恩来副主席英明决策，通过张治中给陶峙岳、包尔汉致电，劝其当机立断，率部起义，并派邓力群携密电赴迪化（今乌鲁木齐），向陶等进一步阐明我党和平解放新疆的主张和政策。经过周密的计划和工作，终于促成陶、包分别于9月25日、26日通电起义。9月28日，毛主席、朱总司令复电慰勉，对起义军表示热烈欢迎，新疆最终和平解放。

庆祝和平解放新疆谈判成功。中为彭德怀，左二为范明

　　1949年9月24日，维吾尔族旅兰同乡会常务理事艾买提在其住所举行欢迎仪式，欢迎第一野战军和甘肃省委主要领导人：司令员彭德怀（左三），副司令员张宗逊（左四），政治部副主任、甘肃省委书记张德生（右二）、第一野战军联络部长范明（右一）等

新疆和平解放后,范明(右一)与新疆军区副政治委员徐立清(右二)、第一野战军西北空军副政治委员赵光远(右三)以及赵光远夫人陈英(左一)在兰州合影

保护玉门油田

玉门油田

兰州解放后,彭德怀特别叮咛范明要未雨绸缪,做好保护玉门油田的工作。范明及时派出张子钰与国民党河西西七区专员王维墉联系,又派关树屏与国民党凉州保安团叶建军及西北长官公署警卫团长洪士禄及河西警备司令汤祖坛分别进行联络,要求他们保护好油矿。不久,新疆和平解放,他们大部分参加了陶峙岳将军领导的起义,从而也使玉门油矿得以和平解放,未遭受破坏。这也是第一野战军在统战联络工作中发挥了重要作用的一个范例。

1949年9月25日,是玉门油田历史上最为难忘的一天,这一天油田获得解放。之后彭德怀又亲赴矿田,强调要严格执行共产党接收企业和人员的政策,指出玉门油田是发展新中国石油工业的摇篮,勉励技术人员和工人为新中国石油工业发展做出贡献。这是第一次对玉门油矿未来发展做出的准确定位。

做好回族工作

兰州解放后不久,中共甘肃省委成立,张德生任书记,范明以一野联络部长职兼任甘肃省委统战部第一副部长、甘肃省民族事务委员会第一副主任,并兼任兰州市军管会联络处工作。范明以极大的热情投入到各项工作,在民族工作方面,争取了黄正清率部起义,正确地处理了甘南夏河县的叛乱,合理地调解了甘、青二省金银滩草山纠纷,协助平息了马良在甘南、川北藏区的叛乱;在培养民族干部方面,创建了藏民问题研究班(后改为藏民学校)。

兰州解放前后的范明

1949年8月26日,兰州解放后,街上遍布马家军的伤兵,散兵游勇到处流窜,回族群众惶惶不安。范明立即让联络部四处张贴人民解放军尊重回民习惯、保护宗教寺庙的安民布告,并以回族解放官兵为骨干成立了回民官兵解放大队和回民医疗所,对马家军官兵遗体按照回民宗教习俗埋葬。大批曾经藏匿的马家军官兵争先恐后地前来缴枪、报到、登记,并主动要求到回民官兵解放大队受训。

兰州第一野战军联络部旧址

争取黄正清率部起义

黄正清是甘南藏区的领袖人物，甘南拉卜楞寺保安司令、国民党军事参议院少将参议。他的弟弟黄正明，是藏传佛教六大寺之一的拉卜楞寺寺主，被清朝中央政府授予藏族和蒙古地区喇嘛教大活佛的称号，是仅次于达赖、班禅的政教合一制下的大领主。拉卜楞寺阿莽仓活佛季美慈成郎吉，也是他的弟弟，汉名黄正光。黄正清又是甘南蒙族河南亲王滚噶环觉尔的亲家。黄氏家族掌握着甘南藏族地区的军事、政治、宗教大权，在甘南、青海甚至西藏都很有影响。

1949年8月底，范明派与黄正清有关系的贾志璞等同志和黄正清旧部保安团团长黄立中、拉卜楞寺大总管达吉等，带着联络部印制的中国人民解放军布告（约法八章）和宣传保护喇嘛寺庙、尊重民族风俗习惯、实行民族宗教信仰自由等宣传品，一路张贴、散发，深入川甘交界的藏区。经过多方面的工作，我军争取黄正清顺利地回到了夏河县（拉卜楞寺），并于1949年9月20日率部起义。

黄正清起义后，彭德怀当即命令腾出在兰州新村的公馆，将黄正清及其夫人策仁娜姆接到兰州，安排住进公馆，并嘱一切按照黄固有的生活起居习惯安排。彭德怀、贺龙等领导亲自接见黄正清，双方亲切谈话，使得黄深受感动，安心住了下来，并参加了甘肃省各民族各界人民代表会议，当选为甘肃省人民政府委员（此后又当选为甘肃省人民政府副主席）。在以后的工作中，范明与黄正清朝夕相处，促膝谈心，结为好友，并通过他解决了甘南藏区若干重大的民族政策问题。

1950年7月，在和黄正清去拉卜楞寺平息草场纷争时，范明与拉卜楞寺六世贡唐仓活佛合影

处理夏河县叛乱

1950年3月间,在甘南夏河县发生了叛乱。由于甘肃省临夏地委犯有"左"的错误,一方面鼓动河南亲王的属民、新吸收的共产党员吴振纲等去斗争河南亲王及黄正清的儿媳扎西才让,并准备游斗;另一方面对拉卜楞寺的阿莽仓(黄正清二弟)活佛,按内地斗地主的办法进行斗争,并暗杀了阿莽仓的属地阿木去乎部落的一个主要头人。如此一来就引起了阿木去乎叛乱。河南亲王的管家将吴振纲暗杀了,还扬言要缴夏河县公安局的械,乱子越闹越大。甘肃省委和西北军区决定派范明作为省委和军区的全权代表,去处理这一事件。范明对甘肃省委书记张德生说:"民族问题必须通过民族领袖人物才能顺利解决。解决夏河问题,必须通过黄正清去解决,否则,就是给我派一个团,也解决不了。"张德生同意范明的意见,让黄正清同范明一道去处理这一重大事件。

到夏河时,夏河县县长黄祥(藏族,原黄正清保安司令部的一个团长)当时被认为是藏族上层的左派人物,在临夏地委派驻夏河的某副专员"左"的错误支持下,积极进行反黄正清系(包括拉卜楞寺)的斗争。他们组织人白天示威,晚上打枪,要求交出杀害吴振纲的人犯。阿木去乎部落为了保护黄氏和寺院,也将骑兵全部调来,包围了夏河。争斗双方大有刀出鞘、弓上弦,一触即发之势。

范明通过黄正清去做寺院和阿莽仓的工作,又通过夏河县县长黄祥去做"左"派的工作。这样一来,首先缓和了仇杀血战的危机,然后经过有理、有利、有节的斗争与艰苦耐心的调解工作,使事件得到了和平顺利的解决。

根据上述情况,范明于1950年4月21日给甘肃省委和西北军区写了《关于夏河(拉卜楞)问题的综合报告》。张德生阅后转报西北局,西北局书记习仲勋认为这份报告很好,批示以《夏河工作经验——范明同志的工作报告》为题,于1950年在《西北党内通讯》第54期发表。毛主席看了这个报告后,曾给李维汉说:这个报告写得很好,是民族统战工作的又一份"隆中对",应予通报参考。

调解草山纠纷

金银滩草山

　　美丽的金银滩草山，是甘肃省夏河县与青海省同仁县之间横亘着的一座长约5公里、宽两三公里的草山。1915年以前，这座草山是同仁县加吾部落的草山，以后为夏河县甘家部落所占。甘家、加吾两个部落为占有这块草山，经常发生械斗。1950年，甘家、加吾两个部落头人，又在调集兵力准备械斗抢占草山。彭德怀派范明为全权代表，去调解这场草山纠纷。范明在扎西旺徐和黄正清的协助下，经过艰苦的调解协商，双方最终达成协议，避免了一次大规模的械斗。新中国成立初，由凌子风导演，把这件事拍成了电影《金银滩》。

1953年由凌子风导演的电影《金银滩》剧照图，描写了这起草山纠纷事件

创办民族学校

创办民族学校,是彭德怀在民族工作上的一大贡献。兰州解放后,1949年9月18日,临夏军管会送了夏河县的几个藏族知识分子来兰州,其中有原国民党时的中央政治大学的学生和藏族上层人士的子女。彭德怀对此很重视,亲自接见了他们。

西北民族大学校门

随后,彭德怀指示,依靠这些知识分子组成藏民问题研究班。后又从兰州大学吸收了几名愿做民族工作的汉族青年,研究班人数增加到十余人,又请兰州大学少语系藏语组的高年级学生在研究班任教。任教队伍中,有李天助(李佐民)。藏民问题研究班由范明任主任,具体工作由联络部的秘书科长王直负责。后来,联络部决定在藏民问题研究班的基础上扩大招收学员,招收对象主要是藏区头人的子弟和寺院的青年喇嘛共70多人;改藏民问题研究班为藏民学校,由范明兼任校长,具体工作仍由王直负责。到1949年底,学员已增加到120人左右。

1949年11月14日,毛主席在给彭德怀和西北局的《关于大量吸收和培养少数民族干部的指示》电报中指出:"青海、甘肃、新疆、宁夏、陕西各省及一切有少数民族存在的地区,都应开办少数民族干部训练班或干部训练学校。请你们注意这一点:要彻底解决民族问题,完全孤立民族反动派,没有大批少数民族出身的共产主义干部是不可能的。"为此,彭德怀在西北军政委员会的会议上,提出成立西北民族学校。1950年1月,将藏民学校改名为西北人民革命大学兰州分校第三部(简称"革大三部")。学校由范明兼任主任,有各届学员近300人,主要还是以藏族学生为主。学校名为"革大三部",实际上仍由西北军区联络部领导管理,其师资、经费、供应都由联络部负责。"革大三部"先后办了两期。经过一段时间筹备后,以革大三部为基础,于1950年8月成立了西北民族学院。学院接受西北军区与西北军政委员会的双重领导,它是新中国最先创办的一所民族学院,为培养藏族、回族、维吾尔族干部做出了卓越的贡献。

开展民族经济统战工作

兰州于1949年8月解放，当时甘肃省工业很落后。1950年3月间，彭德怀从北京开会回来，在兰州召开党政军1000多人的大会，传达了中央向全党全军发出的"都要从军事工作方面转入大力发展生产，大搞经济建设的战略决策"指示。会后，彭德怀专门把军区后勤部部长黎化南和范明叫到司令部谈话，对部队如何发展经济建设工作问题，做了详细的研究和部署。

彭德怀要黎化男以后勤部为基础，建立一个新华公司，负责发展军队方面的经济建设工作；要范明以联络部为基础，成立一个地方性的经济建设公司，负责发展兰州市的经济建设工作。

当时，范明有点儿犯难，便说："黎部长的后勤部有权有钱有物有人，搞发展经济建设公司条件充分。联络部一穷二白，无权无物无人，怎么个搞法？"彭德怀笑着说："你这个学《资本论》的秀才，怎么问起我来了？我看你不但有权有钱有物有人，而且还有'才'，比老黎还多一份。"范明莫名其妙地说："彭总，联络部的经费是从后勤部领的，实报实销，也没有什么小家当，只存有尚未上交的32两黄金。"还没等范明说完，彭德怀说："我说的是人才，不是什么财产。人才是决定一切的。你们联络部既有民族学校革大三部回藏学员，又在交际处（在西北大厦）招贤纳士了那么多的食客（人才），政治、经济、科学、文化、知名人士都汇集你那里，又有几千人的解放大队，其中也是人才济济，这才是真正的宝贵财产。再加上你还有一个特权——你可以开展民族经济统战工作，把兰州的回族、维吾尔族和藏族上层人士和资本家动员起来搞投资、搞合作，发展经济事业，这不仅在发展经济方面来说有其重大意义，而且在政治上对于巩固扩大统一战线、加强民族团结来说，更有重大的意义。好了，再给你拨一个工兵团，32两金子不要上交了，就算是给你的投资，成不成？"范明说："这样就能成。"

接着，范明又向彭德怀建议："后勤部的公司叫'新华'，联络部这个公司是否可以叫'新民公司'？"彭德怀沉默了一会儿说：":"按性质说叫'新民'是可以的，但这不能突出中华人民共和国是各族团结的民族和睦大家庭这个特色，要名实相符，最好还是叫'共和公司'为好。"

范明遵照彭德怀的指示，联络部发起了"大力做好民族经济统战工作的总动员"，在交际处的高级知识分子、民主人士和解放大队的"解放军官"及旧政府的留用人员中，挑选各色各样的人，八仙过海、各显其能，全面开展了成立共和公司的筹备工作。正如彭德怀所预见的那样，由于正确执行了之前制定的民族经济统战工作政策，一方面迅速从黄正清等处筹到5万现洋、木料1000根，从阿莽仓处筹到1万现洋，从维吾尔族艾买提在兰州开设的高昌公司处筹到10万现洋，从马鸿宾处筹到用他在兰州一座闲房折价的约3万元，还有回族上层人士马腾蔼等也都象征性地投了资；另一方面迅速把部队开到岷山，建立了一个规模巨大的伐木厂，在兰州马步青的木材厂的基础上，成立了共和木材厂。又用20两黄金购买了兰州蒋云翔从苏联运回的一部破旧不堪的锯木机（这也是兰州当时唯一的机械）。接着，用托拉斯经营方式和方法，建成了全国最大的机制砖瓦厂。砖瓦厂当时有西北最高的烟囱，现在还耸立在兰州旧城的旁边，继续发挥着作用。筹备组还利用马鸿宾所投资的房产建立了著名的共和烟草公司。公司所产"黄河铁桥"牌香烟，畅销上海等地，被誉为"共和三五烟"。成立了西北最大的共和建筑公司。聘请了抗战期间从上海、东北等地转移到兰州的高级工程师柴应龙

位于兰州市西津东路建工中街的甘肃建工总部

等，创办了工程训练班，造就了一大批建筑人才。后来甘、青、宁、新四省区建筑系统的高级工程技术人员和管理骨干等，大都是这个训练班毕业的学生。筹备组还利用黄正清的借款和旧兰州城砖瓦及工程人员，扩建了西北大厦。

1950年初，范明等精心筹建的共和建筑公司开业，各项工程接踵而来。兰州陆军医院、重建西北大厦、生物制品研究所、高干宿舍、军区大楼、后勤大楼等很多大型工程相继开工，工程项目日益增加。共和建筑公司的成立，不仅为以后兰州建筑业奠定了坚实的基础，而且也支援了外省，如银川建筑公司就是在共和建筑公司帮助下成长起来的。原来的共和建筑公司现已改成甘肃建工集团，拥有各类全资和控股子公司31家，总资产56亿元，年综合生产能力80亿元以上。

西北野战军司令员彭德怀常戏称范明为"范大人"，还赋诗一首，加以勉励："平西行，统战功，问谁人先行？笔做刀枪唇舌战，横刀立马藏胞情，手平安度民族事，惟吾西野范大人。"

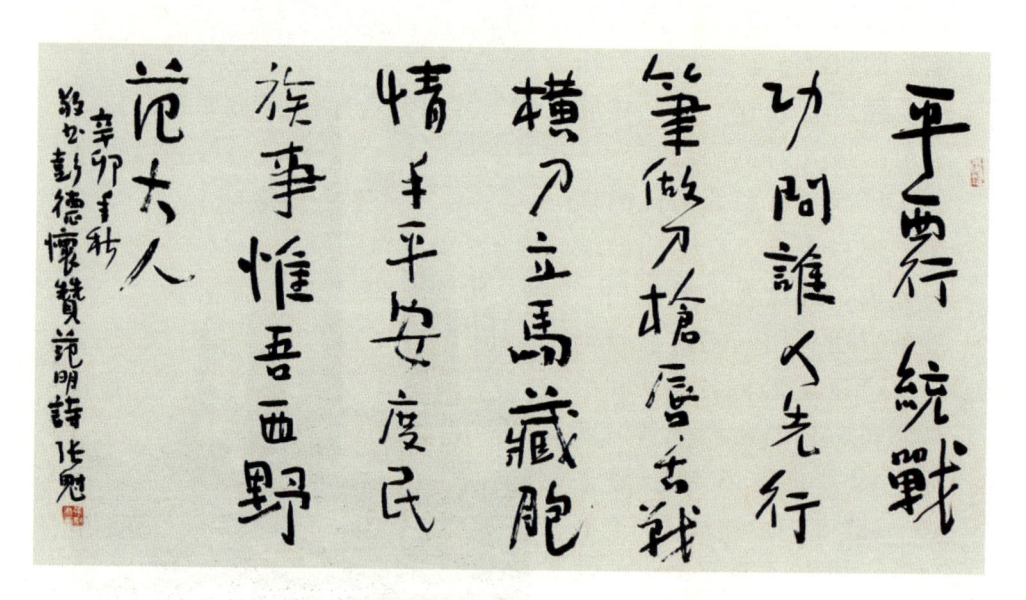

著名书法家张魁书写的彭总赞范明诗

第六章 签订和平解放西藏协议

揭露"驱汉"阴谋

西藏是地处我国西南边陲中国领土不可分割的一部分，面积120多万平方公里，居住着100多万以藏族为主的勤劳、朴实、智慧、勇敢的各族人民。藏族具有悠久的历史，对整个中华民族的发展历程，曾起过重要的作用，是我国多民族大家庭中优秀的一员。

近百年来，由于帝国主义的入侵，西藏长期处于半殖民地状态。加之国内反动政府推行民族压迫政策，致使西藏民族内部和藏、汉民族之间的团结遭到破坏，严重地阻碍了藏族与国内各民族的文化交流、阻碍了西藏社会的发展和进步，加深了西藏人民的痛苦。西藏人民殷切期望获得解放，将帝国主义侵略势力驱逐出西藏。为此，解放西藏、巩固祖国西南国防、建设人民民主的社会主义新西藏，就成了中国共产党、中央人民政府和中国人民解放军的神圣责任。

在中国人民解放战争取得决定性胜利、解放了祖国大陆大部分地区并将进军西藏解放西藏人民之际，帝国主义者和以大扎摄政为首的西藏一小撮亲帝分裂分子却狼狈为奸，进行"独立""反共"的丑恶表演，千方百计地阻挠西藏获得解放。1949年7月8日，西藏地方当局，在英美帝国主义及印度尼赫鲁政府的策划下，发动了驱逐汉族及国民党政府驻藏人员事件。其目的就是企图在人民解放军即将解放全国的时候，使西藏人民不但不能得到解放，而且进一步地丧失独立自由，变为帝国主义的殖民地。对此，党中央授权新华社，于1949年9月2日发表了《决不允许外国侵略者吞并中国领土——西藏》的社论。当中指出：

> 西藏是中国的领土，西藏民族加入中国各民族的大家庭，与汉族及中国境内其他民族发生兄弟的关系，已有悠久的历史。西藏民族与汉族及中国境内其他各民族的友谊，曾经受过

英、印侵略者和汉族反动分子的损害。但是西藏的爱国人民正在逐步地认识到，毛泽东的新民主主义及中国共产党和中国人民解放军扶助少数民族的政策乃是西藏人民的救星。中国的任何少数民族与汉族人民的分裂，必将沦为帝国主义国家的殖民地奴隶，西藏人民是决不愿做殖民地奴隶的，他们在1887年和1904年两次英勇抗击英帝国主义的侵略，就是最好的证明。

西藏是中国的领土，决不容许任何外国侵略；西藏人民是中国人民的一个不可分割的组成部分，决不容许任何外国分割。这是中国人民、中国共产党和中国人民解放军的坚定不移的方针。任何侵略者如果不认识这一点，如果敢于在中国领土上挑衅，如果妄想分割和侵略西藏和台湾，他就一定要在伟大的中国人民解放军的铁拳之前碰得头破血流。我们警告这些侵略分子立即在西藏和台湾的面前止步，否则他们就必须担负他们这种行为所引起的一切后果的全部责任。

这篇社论，向全世界宣告了我党、我军在西藏问题上强有力的态度和严正立场，也表明了我们一定要解放西藏、拯救藏族人民于水火的决心。这不仅对侵略者分割西藏的野心是当头棒喝，而且对西藏地方当局妄图勾结侵略者分裂西藏、脱离祖国的阴谋是一个有力的揭露和警告。

谴责"亲善使团"

1950年1月，中华人民共和国成立不久，帝国主义者仍贼心不死，通过美国合众社发布了一则西藏当局将派出所谓"亲善使团"，分赴英、美、印度、尼泊尔并派代表到北京，以表示"独立"的消息。不难看出，这种消息的内容，即使不是出于合众社的捏造，也不过是美帝国主义及其侵略西藏的同谋们所导演的傀儡剧。为此，毛主席在命令中国人民解放军向西藏进军的同时，授权中央人民政府外交部发言人，于1950年1月20日，向新华社记者发表谈话：

> 西藏是中华人民共和国的领土，这是全世界没有人不知道也从没有人否认的事实。既然如此，拉萨当局当然没有权利擅自派出任何"使团"，更没有权利去表明它的所谓"独立"……西藏人民的要求是成为中华人民共和国民主大家庭的一员，是在我们中央人民政府统一领导下实行适当的区域自治，而这在人民政协的共同纲领上是已经规定了的。如果拉萨当局在这个原则下派出代表到北京谈判西藏和平解放的问题，那么，这样的代表自将受到接待。但是如果不是这样，如果拉萨当局违反西藏人民的意志，接受帝国主义侵略者的命令，派出非法的"使团"从事分裂和背叛祖国的活动，那么，我国中央人民政府将不能容忍拉萨当局这种背叛祖国的行为，而任何接待这种非法的"使团"的国家，将被认为对中华人民共和国怀抱敌意。

在这个谈话里，除了义正词严地谴责拉萨当局派出非法"使团"外，第一次明确宣布了毛主席和党中央关于通过谈判、和平解放西藏的方针。这是一个英明伟大的战略决策，不仅为和平谈判打开了大门，而且为随后和平解放西藏大业指明了方向。

班禅堪布会议厅积极地响应了这个号召，于1月31日，为反对西藏拉萨当局派出所谓"亲善使团"赴英、美等国表示"独立"的举动，致电毛主席、朱总司令，愿率全藏爱国人民，支援解放军解放西藏：

> 西藏是中国领土，为全世界公认，全藏人民亦自认为中华民族之一。今拉萨当局此种举动，实为破坏国家领土主权完整，违背西藏人民意志。谨代表西藏人民，恭请速发义师，解放西藏，肃清反动分子，驱逐在藏帝国主义势力，巩固西南国防，解放西藏人民。

与此同时，全国政协代表桑吉悦希（天宝），青海省人民政府副主席喜饶嘉措，甘肃省人民政府委员黄正清、杨复兴，以及热振呼图克图的却本堪布益喜楚臣等藏族知名人士，纷纷发表谈话，谴责帝国主义侵略阴谋及拉萨当局企图分裂祖国的活动。

开展达赖集团工作

与此同时，党中央和各级人民政府，也积极地开展了争取达赖和西藏地方政府的工作。尽管西藏当局在大扎摄政为首的亲帝分子把持下，对解放西藏设置了重重障碍，中央人民政府仍然通过各种渠道，采取各种方式，通知西藏地方当局派遣代表前来北京，与中央人民政府谈判和平解放西藏问题，并逐步制定了解放西藏的一整套方针、政策。

就西北来说，青海省委和青海军区根据中央、西北局、西北军区的指示，于1950年5月组成由当才活佛土登诺布为首席代表，夏日仓活佛和显灵呼图克图为代表，格勒嘉措担任秘书长，并有青海联络站迟玉锐等参加的"青海省各寺院劝告和平解放西藏代表团"（简称青海劝和团）。青海劝和团临行前，1950年5月，彭德怀亲自到西宁，接见了他们，向他们传达中央对和平解放西藏的有关政策精神，勉励他们为争取和平解放西藏做出贡献。青海劝和团于7月从西宁出发，前往拉萨，对西藏地方政府官员进行宣传说服工作，劝说他们派出代表来北京，谈判和平解放西藏问题。

但是，西藏地方当局仍然坚持反动立场，对抗中央人民政府，他们不但千方百计地阻挠青海劝和团前往拉萨，而且扣押了工作人员迟玉锐等，在昌都毒害了要求前往拉萨面见达赖劝和的格达活佛。他们积极地进行扩军备战，除将一部分藏军分布在阿里、黑河地区外，把主要兵力都放在昌都一带，企图依据金沙江天险同解放军对抗。在这种情况下，中央仍本着不放弃和平解放西藏的努力。8月31日，由我国中央人民政府外交部通知印度政府，中国人民解放军即将在西藏西部按照预定计划开始行动，希望印度政府协助滞留在印度的西藏地方政府代表团于9月中旬以前到达北京，进行和平谈判。我国驻印度大使馆代办、大使也先后当面通知和谈代表团，务必于9月内赶到北京，否则，一切延宕的责任和后果均由他们负责。可是，在帝国主义唆使下，西藏地方代表团以各种借口，迟迟不离任。这样，由西藏地方当局挑起的一场军事较量就不可避免了。我军在毛主席以军事促进和谈、以和谈达到和平的方针，以及"政治为主、军事为辅"的决策指导下，于1950年10月7日发动了解放昌都战役。10月19日昌都获得解放。藏军除九代本（藏军编号）格桑旺堆率部起义外大部分被歼，狠狠地打击了帝国主义和西藏亲帝分裂主义势力的嚣张气焰。

与此同时，西南军政委员会、西南军区司令部颁发了《进军西藏各项政策的布告》，主要内容是：人民解放军入藏之后，保护西藏全体僧侣、人民财产，保障西藏全体人民之宗教信仰自由，保护一切喇嘛寺庙。帮助西藏人民开展教育和农、牧、工、商业，改善人民生活。对于西藏现行政治制度及军事制度不予变更。西藏现有军队成为中华人民共和国国防武装之一部分。各级僧侣、官员、头人等照常供职。一切有关西藏各项改革之事宜，完全根据西藏人民意志由西藏人民及西藏领导人员采取协商方式解决。过去亲帝国主义与国民党的官吏，如经事实证明，与帝国主义及国民党脱离关系，不进行破坏和反抗者，仍可继续任职，不咎既往。布告还规定了人民解放军尊重西藏人民宗教信仰和风俗习惯，说话和气，买卖公平，不妄取民间一针一线，不拉夫，不捉牲畜，雇用人、畜差役均付相当代价等。

这个和平解放西藏的方针和对西藏的各项政策布告，是党中央和毛主席科学地分析了西藏的历史、民族、宗教以及当时西藏的内外形势而制定的，是符合人民政协的共同纲领，符合广大人民的愿望，受到全国人民包括藏族人民在内所有人的欢迎和拥护，这一决策使西藏上层统治集团内部发生了急剧的变化。主张和谈的势力和亲帝分裂主义的势力展开了激烈的斗争，斗争的结果，反动势力的头子大扎摄政下台，十四世达赖亲政，并于1951年2月派出了以阿沛·阿旺晋美为首的五人全权代表，前往北京进行和平解放西藏的谈判。他们先后于4月22日和4月24日抵达首都北京。

与此同时，4月27日，由范明陪同的班禅一行也乘火车来到首都北京。和平解放西藏的谈判得以顺利地于1951年5月2日在京正式开始。西藏全权代表为阿沛·阿旺晋美、凯墨·索安旺堆、土丹旦达、土登列门、桑颇·登增顿珠，以阿沛·阿旺晋美为首席代表；中央人民政府除了指派以李维汉、张经武、张国华、孙志远为全权代表外，还

1951年5月，在中央人民政府与西藏地方政府谈判期间，十世班禅派出计晋美等人协助中央政府进行谈判。谈判期间，朱德副主席（右一）陪同十世班禅（右二）、计晋美（左二）观看体育表演

指派西北军政委员会秘书长常黎夫和范明参加了谈判小组的内部工作。在毛主席、周总理的亲切关怀与领导下，在班禅及其堪布会议厅拉敏·益喜楚臣、计晋美等的竭诚协助下，中央谈判代表团对西藏代表团提出的不合理的意见进行了有理、有利、有节的斗争和说服，同时也耐心地尽量听取和采纳了西藏代表的建设性意见。

经过会上会下多次反复协商，克服了困难，排除了阻力，双方终于5月21日一致通过了《中央人民政府和西藏地方政府关于和平解放西藏办法的协议》，并于5月23日在北京勤政殿举行了庄严的《协议》签字仪式。

当日消息传出后，北京一片欢腾，鞭炮齐鸣，锣鼓喧天，热烈庆祝和平解放西藏协议胜利签订，庆祝毛主席的民族政策的伟大胜利！

总之,《协议》的签订给藏族的历史及藏族与祖国关系的历史,带来了划时代的变化,给藏族和西藏人民带来了光明和幸福的前途,是党中央、毛主席在各个阶段为解放西藏所制定的英明决策的一个丰硕成果。《协议》精神不但为解放西藏创造了良好的条件,而且为制定具有西藏特色的反帝爱国统一战线提供了理论基础。西藏和平解放是党中央、毛主席为解放西藏所制定的政略与战略相结合的英明决策的胜利,也是毛泽东思想与藏族的实践相结合的、具有西藏特色民族政策的胜利。

中央人民政府谈判全权首席代表李维汉在《十七条协议》上签字盖章

1951年5月23日签订的《中央人民政府和西藏地方政府关于和平解放西藏的办法的协议》(简称《十七条协议》)

1951年5月24日，毛泽东主席在中南海怀仁堂举行盛大宴会，庆祝签订西藏和平解放协议。后排自左向右依次为：阿沛、毛泽东、十世班禅、计晋美、范明

第七章　西北人民解放军进军西藏

筹备进藏

1950年11月，范明被任命为西北西藏工委书记和西北军区进藏部队司令员兼政治委员，着手筹备西北进军西藏的一切事宜。

1月30日，中央统战部部长李维汉接见汪锋、范明和牙含章，就组建中共西北西藏工委和进藏筹备工作做了指示。1月31日，周恩来总理接见汪锋、范明、牙含章，就组建西北西藏工委和进藏筹备事宜做了重要指示。1951年2月13日，中央军委又下达了《关于解放西藏准备工作的通知》：

关于西北方面参加解放西藏的准备工作，经恩来、李维汉同志与汪锋、范明、含章同志面谈过，除由汪等面达外，特作如下正式通知：

今年必须全部解放西藏，西北入藏工作必须于三月底以前完成一切必要准备，不得延误。

确定西北入藏工委一千五百人（包括警卫部队在内），家属一千人（这一千人准备明年入藏），班禅集团一千五百人（包括警卫部队在内），共四千人，骡马八千四。准备两年内分梯队进入西藏。

所有中央允许班禅集团的条件，必须迅速完满地予以实现，给班禅卫队配备干部及配备一个医务所和电台等。责成西北军区迅速解决。

1950年12月，范明奉命进京向中央汇报西北进军西藏筹备工作，摄于北京饭店

1951年7月，范明将要离开兰州，启程由西北进军西藏的前夕，一野政治部主任甘泗淇、夫人李贞夫妇(前排)，一野政治部副主任张德生（右一）与范明夫妇（后排）合影

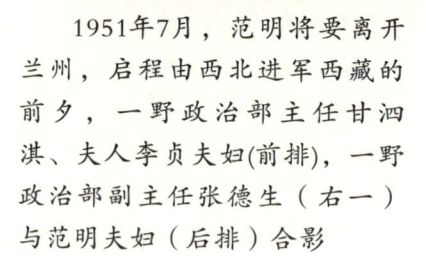

1951年7月，范明将要离开兰州，启程由西北进军西藏的前夕。第一野战军副司令员张宗逊（右三）、张宗逊夫人杜芸（右二）与范明（右一）及夫人梁枫（右四）合影留念

1951年1月，范明（前排右）与西北局统战部部长汪锋（前排左）等在北京合影

十世班禅举行欢送仪式，大伞下是司令员范明

1951年7月，第一野战军政治部秘书长兼联络部长范明同志将要离开兰州，启程由西北进军西藏的前夕，一野政治部主任甘泗淇（一排右三）、夫人李贞（右四）、副主任张德生（一排右一）、组织部长陈竞波、宣传部长鲁直、民运部长慕生忠及联络部各级负责人和范明（二排右三）、夫人梁枫（一排右二）合影照片

1951年8月1日，西北进藏部队司令员范明抵达西宁后，又专门检查了为班禅入藏的准备工作，并特地到塔尔寺去向十世班禅辞行。

2013年10月，在习仲勋同志诞辰100周年纪念活动期间，央视播放纪念习仲勋的纪录片的第六集《海纳百川》中对范明进行了采访，范明回忆了当年西北西藏工委在西北局习仲勋书记的领导下负责筹备进藏工作的情形：

不惜一切都要组成部队，三千匹骆驼，两千多匹马，在这个事情上，仲勋同志出了很大的力，对这个进藏的干部有一个讲话，十大条解放西藏的纲领（见下文《关于做好班禅工作和反帝爱国统一战线工作的指示》），同时既是维护西藏，又是解决西藏民族问题的纲领

进藏征途

1951年8月1日,范明率领西北西藏工委机关和进藏部队,从兰州启程踏上了进军西藏的征途。

出发前的范明

进军西藏途中,范明(左三)、夫人梁枫(右三)、西北西藏工委副秘书长王直(右一)等人在翻越海拔3500米的日月山顶时,在日月碑前合影

青海民谚说:"翻过日月山,又是一重天。"日月山,过去是农耕文化和游牧文化的分水岭,山这边是树木繁茂的农区,而山那边便是荒凉的牧区,相传唐代的文成公主进藏经过这里时,看着满目荒凉的"青海头",回首长安,久久怅望,摔了日月宝镜。从此,这座山更名为日月山,文成公主的思乡泪变成了倒淌河。

1951年8月28日，西北进藏部队在香日德举行隆重的向西藏和平进军的誓师大会

1951年8月12日，范明率领西北西藏工委机关和进藏部队从西宁出发，翻越日月山，行经倒淌河、青海湖、橡皮山、茶卡、都兰等地，于8月17日到达香日德。根据中央电报指示，8月1日起，西北西藏工委及其部队以后在名义上以十八军独立支队番号对外。

1951年8月28日，西北进藏部队从青海省香日德出发
班禅行辕主任计晋美（左三）、副主任拉敏（右三）在西郊设帐篷为范明司令员（中）送行

1951年8月28日，由第一野战军暨西北军区组成的西北进藏部队，在藏胞的带领下自青海的香日德出发向西藏进军

战胜沼泽地　徒涉黄河源

青藏高原平均海拔4000米以上，祁连山、昆仑山、唐古拉山等山系横穿其间。进军的路线上，不见悬崖绝壁，而大部分地段、山头的海拔却上升到4700米左右。由于高寒缺氧，同志们普遍头疼恶心，呼吸困难，四肢无力，举步艰难。9月3日，西北进藏部队翻越了海拔5200米的诺木岗，开始进入黄河源沮洳沼泽地带。

黄河源位于昆仑山系的巴颜喀拉山北麓。这里地势开阔平坦，分布着大大小小的湖泊，大的有扎陵湖、鄂灵湖，小的如池潭，古有"星宿海"之称。这一段路线开始时有沮洳淤泥，接着是水盆沼泽，长达数百里。沮洳地带水陆难分，泥深莫测。部队一天行军只能前进二三十里，骡马驮畜在人的牵引下才敢迈步。水盆地是网状沼泽地带，一盆盆水池接连不断。盆面上一层清水，下边是没顶的淤泥。盆与盆之间的土埂上长着硬草。部队人员可以牵着马匹，小心翼翼地沿草埂迂回前进。如无法迂回时，则从一个草埂跳跃到下一个草埂，人马同跃，犹如马术表演般飞跃前进，若偶一失足，则有人马没顶之虞。经过艰辛的跋涉，西北进藏部队奋战了整整五天，总算走出了这水网沼泽，于9月8日在巴颜喀拉山北麓的黄河源的草地上，扎下了帐篷宿营。

范明司令员（左二）、慕生忠政委（左三）、计晋美（左四）

运输队行进在巴颜喀拉山北麓的草原上

西北西藏工委为进藏筹备各类物资，先后派出400多名干部组成的工作组，分赴北京、上海、湖北、陕西、青海、甘肃等地，全力采购骡马、驮牛、骆驼和进藏人员的装备、粮秣茶叶、器材等物资。图为当年在陕西采购的茯砖茶，在途中他们曾将此茶赠送给藏族头人，图中所示的砖茶现珍藏于咸阳泾渭茯茶有限公司

抢渡通天河

　　通天河位于巴颜喀拉山南麓,是长江上游的一段,河床海拔高3000—4000米,属高寒气候区。这里气温低,空气稀薄,起风时波涛汹涌。1951年9月20日,西北进藏部队来到通天河北岸时,遇上了历史上罕见的洪流。据探测,河宽已达到300—400米,水深15公尺,流速每秒2.5—3米。为了安全起见,只得逆流而上100多里,在通天河上游找支流较多、河水较浅的渡口。第二大队干部和战士奋战四五天,引流分洪,与第一大队合作,泅渡成功。

范明(右四)向当地老乡请教渡河经验

牛皮筏子漂荡在汹涌奔腾的通天河中 　　进藏部队的战士们乘牛皮筏子渡河

乘牛皮筏子的女战士们 　　进藏部队引马泅渡通天河

1951年9月下旬，西北进藏部队终于将全部人马物资渡到了通天河南岸。范明（左二）和罗曼中（左一）在通天河南岸

通讯兵在架设天线

西北进藏部队告别通天河后
继续前进
范明走在队伍的最前面

进藏女兵包桂芬在进藏途中　　　　骑骆驼的进藏女兵

入藏进行曲

范明

我们是中华民族的优秀儿女
我们是毛泽东的先锋战士
为了解放西藏
走上征途
焦山顶
越冰河
横波江
地高山上狮天一角红
管短炊不见天
峥嵘雪山
嶙峋怪石破山崖
牦牛羊驼任奔腾
牧胞任奔腾
藏胞兄弟齐欢唱
看我们的民族是多么伟大雄壮
听我们的歌声遍州原中
让我们的组织是多么勇敢高尚
同志们欢唱
致敬致敬
解放军万岁
把五星红旗高举
把五星红旗高举
把五星红旗高举在喜马拉雅上
一九五〇年一月

为了鼓舞士气，范明在行军途中写下了这首气壮山河的《入藏进行曲》。
图为1985年1月陕西著名书画家宫葆诚书写的《入藏进行曲》

西北进藏部队司令员范明（左一）和政委慕生忠（左二）进军途中访问藏族牧民

飞越唐古拉山　战胜雪封山

从通天河畔经过14天的行军，1951年10月18日，西北进藏部队全体指战员抵达唐古拉山北麓。

唐古拉山就像一条银色的大蟒，挡住了进军的去路。这里是青海省和西藏的天然分界岭，历史上很少有军队能够通过。据说，历史上的西安将军额伦特和马步芳的商队一样，被困死在雪封冰冻的深渊中，全军覆没。

唐古拉山亦名当拉山，藏语意为雪山，是世界上著名的大雪山，海拔6000余米，常年积雪不化，是入藏行军途中的最大障碍，也是进藏途中最后的一道大关。

唐古拉山之所以是西北进藏部队进藏途中的最后一关，并不完全是因为它的山势高、积雪多、天气冷，主要是由于此处10月份已经到了大雪季，气候变化无常，有时虽然白天万里晴空，但一夜之后就大雪数尺，封闭山路，牲口无草可吃，人不能前进，陷于绝境。所以说，唐古拉山是西北进藏部队进藏途中的最后一关，也就是胜利与失败、生存与死亡的分界点。

1951年10月19日凌晨5点，西北进藏部队拉着战马开始登山，步伐坚定地一步一步地沉着攀登。这一天，天气非常晴朗，阳光灿烂，雪山闪光，但由于气温在零下30多摄氏度，山风奇寒，冷彻入骨。山越爬越高，空气越来越稀薄，同志们呼吸困难，面色苍白，每走一步都得费尽力气,骡马等牲畜也是一步一停,两步一歇,喘息不止。为了尽快抢越,部队每天行军10多个小时,吃不上饭,休息不足。加上这时已是进军后期,人困马乏,数百头牲口倒毙在了唐古拉山上。抢越唐古拉山的每分每秒都是艰苦的战斗,都要付出巨大的代价。整整战斗了七天,西北进藏部队终于翻过了唐古拉山,到达西藏境内聂荣宗地区。

西北进藏部队全体指战员翻越唐古拉山

进入西藏境内

西北进藏部队在聂荣宗的草地上宿营,休整了三天,在此间隙向头人和群众进行《十七条协议》和民族政策的宣传,并散发了毛主席像和宣传品。

西北进藏部队抵达黑河后,黑河总督向范明敬献哈达

1951年11月4日，西北进藏部队到达黑河（藏名"那曲"）。黑河位于唐古拉山以南，是青海、西康入藏的要隘重镇，是藏北政治、军事和经济中心。

跨进西藏境内，为了遵守和执行党的民族政策，教育全体指战员把民族政策作为部队的纪律，严格遵守，不得违反，还特别颁发了《入藏守则》。《入藏守则》共12条，是范明经过调查研究，采用顺口溜的形式草拟而成。

藏族群众送来牛羊慰问西北进藏部队

战士们在学习《十七条协议》和《入藏守则》

范明在黑河市郊向列队欢迎的藏军第五代本地官兵答礼

新华社电讯：《由西北进藏解放军进抵黑河》：由西北向西藏进军的人民解放军十八军某部，经过三千多里的草原行军，已于本月4日进抵西藏北部重镇黑河。该部抵达黑河时受到当地西藏地方政府官员及藏民同胞的热烈欢迎，西藏地方政府黑河总督（相当于专员）堪穷土丹桑布（僧官）及驻黑河第五代本（相当于团长）主官丹巴才仁率领总督府僧俗官员、五代本全体官兵及藏民群众一千余人，至市郊列队欢迎，并向该部司令员兼政委范明将军、副政治委员慕生忠将军献哈达致敬。人们以能亲自欢迎毛主席的队伍为荣。

新华社对西北进藏部队的报道

1951年11月9日，为了加强西南、西北两支兄弟部队的团结，范明亲自起草了《关于与十八军会师团结守则》

1951年11月15日，范明率领十八军西北进藏部队的战士们离开黑河，继续向拉萨前进

1951年11月18日，当西北进藏部队到达拉隆尕木即煞由峡谷时，遇到强烈地震。范明率领部队冒着余震的威胁，急行军一天一夜，终于脱离了危险地带

隆重抵达拉萨

1951年11月27日,西北进藏部队经过千辛万苦,战胜重重困难,穿过当雄、羊八井,胜利抵达拉萨东郊,受到当地僧俗各界人民的热烈欢迎。

西北进藏部队的骆驼运输队进入拉萨市郊

拉萨的活佛向范明敬献哈达

为了不给当地藏民添麻烦,范明决定让西北进藏部队的战士们在收割后的青稞地里扎下营盘,进行休整,准备入城

中央来电指示，人民解放军西北进藏部队要举行隆重的入城仪式。

1951年12月1日，人民解放军西北进藏部队的军乐队、秧歌队、文工队、警卫部队以及随军进藏的班禅行辕进藏工作委员会呈八路纵队，高举五星红旗和中国人民解放军军旗，在司令员范明和政委慕生忠的带领下，浩浩荡荡进入市区。中央人民政府代表张经武、十八军军长张国华、政治委员谭冠三和西藏地方政府僧俗官员以及藏兵、群众数万人列队夹道欢迎。

西北进藏部队胜利抵达拉萨，浩浩荡荡进入市区，经过布达拉宫

西北进藏部队范明司令员率领骑兵经过拉萨布达拉宫

随行的中央医疗队也全部抵达拉萨，部分同志在布达拉宫前合影

1951年12月，达赖派西藏地方政府官员欢迎西北进藏部队进驻拉萨

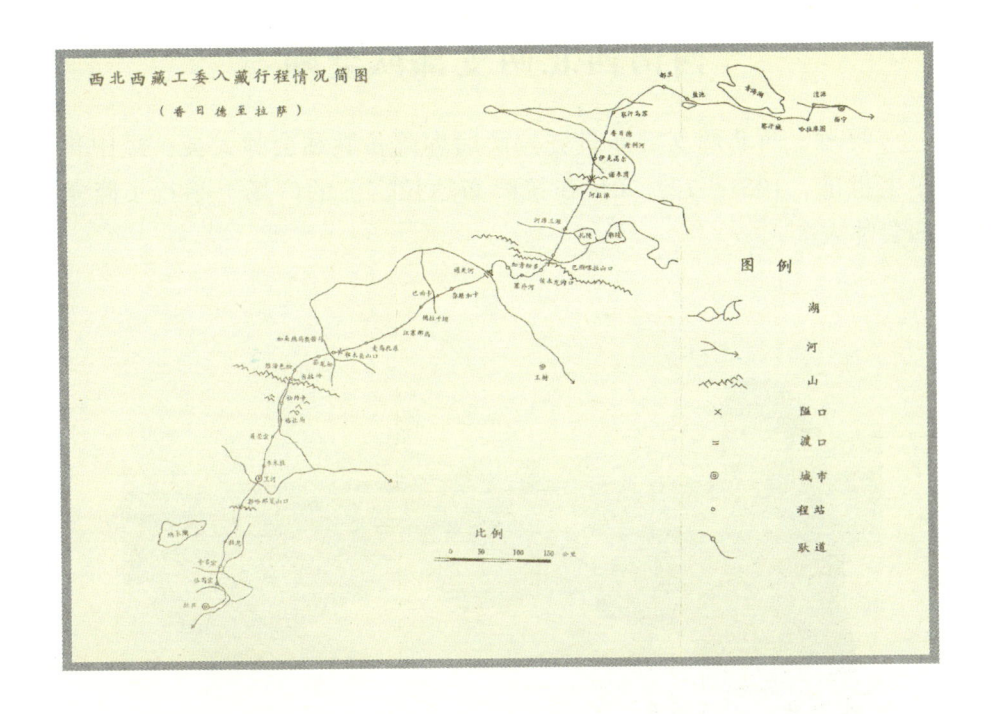

西北西藏工委入藏行程情况简图
（香日德至拉萨）

1951年8月28日，范明率西北进藏部队从青海出发，历时92天，行程3000多里，苦战黄河源、强渡通天河、勇翻唐古拉山，克服重重艰难困苦，于1951年11月27日胜利到达拉萨东郊。1951年12月1日举行了隆重的入城仪式，完成了从西北进军西藏的任务。

中央人民政府驻西藏代表张经武同志，亲临驻地慰问和视察部队，检查了西北进藏部队的工作后，当日即致电中央报告了该西北进藏部队进藏的情况：

> 该部队于8月28日从青海出发，计时92天，经过大草原，通天河，唐古拉山等地，途中牺牲干部战士多人，牲畜消耗较大，终于克服了自然困难，胜利抵达拉萨。这支部队，干部很团结，经常用比苦方法（与朝鲜志愿军及长征红军比）教育部队，长期建设西藏思想较巩固，情绪高，即就是新参军的知识分子，因考取条件严格，只吸收投考者的十分之一二，故能一样过艰苦生活，工作情绪也好。测量工程人员亲到各山头，每天均晚到宿营地，一直坚持测量。沿途很注意群众纪律，向群众宣传，放电影，对群众政治影响好，群众说，从来没有见过这样的队伍。

西南西北两支部队会师

西南、西北两支部队进驻拉萨后即筹备胜利会师大会。经中央军委批准，1951年12月20日在拉萨布达拉宫前的广场上举行了隆重的会师大会。

1951年12月20日，中央人民政府代表张经武在会师大会上讲话。他在讲话中强调，两支进藏部队的全体指挥员和战斗员今后应在中国共产党西藏工作委员会的领导下，亲密地团结起来，切实执行《十七条协议》，团结广大的藏族人民，建设新西藏，巩固祖国边疆

参加会师庆祝大会的有人民解放军指战员及西藏地方军队官兵

1951年12月20日，西南、西北两支进藏部队在拉萨布达拉宫前的广场上举行庆祝胜利会师大会。此图为检阅西南、西北进藏部队。右起：王其梅、堪厅主任詹东·计晋美、张经武、阿沛·阿旺晋美、范明、张国华、谭冠三。

新华社专就此次会师报道如下：

由西南、西北分路进驻拉萨的人民解放军的两支部队，12月20日在布达拉宫前的广场上举行胜利会师大会。到会的约有20000人，除人民解放军两支部队指挥员和战斗员外，还有西藏地方政府代表噶伦阿沛·阿旺晋美、噶楚（代理噶伦）、夏苏（即先喀·居美多吉）、班禅行辕大堪布计晋美、西藏地方军队代理马基（藏军代总司令）、凯墨·索安旺堆和三个代本（相当团）的全体官兵以及广大僧俗人民。

大会由进藏部队政治委员谭冠三致开会词。继由中央人民政府代表张经武将军讲话。他首先代表中央人民政府和毛主席祝贺进藏部队胜利会师。他说："进藏部队的全体指挥员和战斗员，今后应在中国共产党西藏工作委员会的领导下，亲密地团结起来，切实执行和平解放西藏办法的协议，团结广大的藏族人民，建设新西藏，巩固祖国边疆。"接着由进藏部队司令员张国华将军讲话。他指出进藏部队今后的任务："第一，积极参加生产；第二，迅速修建道路；第三，提高政治、政策、文化水平，严格执行三大纪律和八项注意；第四，杜绝贪污浪费，厉行节约。"由西北进入西藏的人民解放军某部司令员范明将军在讲话中表示要为彻底实行和平解放西藏办法的协议而奋斗。他说："我们十八军两支部队，为了巩固国防，很荣幸地奉毛主席和朱总司令的命令，从西南和西北向西藏进军。经过四个多月的长途跋涉，跨越千山万水，克服重重困难，胜利地会师拉萨，是中央的正确领导，全国各族人民，特别是藏族人民支援的结果。"他代表独支全体指战员表示，"今后一定在党中央、中央人民政府的领导下，为彻底实现和平协议，巩固国防，建设人民的新西藏而奋斗。"西藏地方政府代表噶伦阿沛·阿旺晋美在讲话中说："人民解放军和西藏地方政府、西藏地方军队、西藏僧俗人民之间，已有了深厚的友谊。我希望这种友谊得到更进一步的发展。西藏地方政府今后一定积极协助人民解放军完成巩固国防的重要任务。"班禅行辕大堪布计晋美在讲话中说："在毛主席正确领导下，达赖和班禅已获得新的团结，这是西藏人民的莫大幸福，并代表班禅行辕向进军西藏的部队首长和全体同志致以崇高的敬意。

1951年12月20日在拉萨举行了西南、西北两支进藏部队会师大会。会师大会主席台左起：慕生忠、范明、张经武、张国华、谭冠三

大会中，两支进入西藏的部队代表向中央人民政府代表张经武将军献旗，并互赠慰问物品。进藏部队代表向西藏地方军队献慰问信和礼品。

最后，大会通过了给毛主席、朱总司令致敬电，表示要团结西藏人民、帮助西藏人民长期建设西藏和巩固国防的决心。

1951年12月28日，范明与中央人民政府赴西藏代表张经武合影

第八章 护送十世班禅荣返西藏

历史背景

1950年11月，范明奉命进军西藏，组建中共西北西藏工委，任西藏工委书记时，就担任了护送班禅返回西藏的任务。这也是解放西藏的重要组成部分和重要任务之一。

相传，达赖与班禅是喇嘛教格鲁（黄教）派鼻祖宗喀巴的两个弟子根敦朱巴和克珠杰·格里白桑的转世化身，是西藏两位宗教领袖，在人民群众中享有崇高威望，被作为"神"来供奉，西藏人民将他们比作"天上的太阳和月亮，地下的达赖和班禅"。达赖居前藏拉萨，班禅居后藏日喀则，清朝时，由中央政府分别直接管辖，直接派任驻藏大臣。

1911年，我国爆发了辛亥革命，推翻帝制，建立共和。英帝国主义者趁民国中央政府初告组成、中国政局尚在动荡之际，竭力挑拨西藏地方当局同当时中央政府之间的关系，唆使西藏地方统治集团驱逐清朝驻藏大臣，妄图搞"西藏独立"，使西藏脱离祖国。这时，九世班禅由于坚持反对帝国主义的侵略，倾向祖国，受到亲帝分子的迫害，被迫于1923年11月15日逃离西藏，避居内地。班禅走后，十三世达赖强行接管了班禅辖区的管辖权，委派札萨喇嘛掌管扎什伦布寺政教事务，并派官员接管了班禅所属的所有宗和豁卡（庄园）。

九世班禅于1924年抵达北京，晋谒大总统曹锟，报告西藏政局，要求收回西藏，并要求中央政府护送他入藏。1924年，北洋政府册封九世班禅为宣诚济世大师名号，准备护送班禅返藏，但因军阀连年混战，北洋政府无力顾及，护送返藏未成。

1927年，国民党当政后，对护送班禅返藏事宜也进行了多次筹备，但未能有所进展。直到1931年5月16日，九世班禅向国民党政府呈文，要求中央政府"于最短期间通盘筹划，解决藏事"，使他能够早日返藏。1933年十三世达赖逝世，国民党政府任命热振呼图克图为摄政。1934年，西藏地方僧俗人等也向国民党政府呈文，"有朝夕渴望佛爷（班禅）早日返藏，以慰藏民之心"。国民党政府为表彰班禅"翊赞统一，效忠民国，阐教西陲，抚辑藏服"，遂册封他为"护国宣化广慧大师"，并任命他为"西陲宣化使"和"国民政府委员"。1935年，国民党政府颁布命令，决定护送班禅返回西藏，成立班禅行辕，先后委派诚允、赵手钰为护送专使，并派了护送仪仗队。西藏地方政府亦派出多仁台吉、堪穷向巴却旺等为迎接班禅代表。1935年班禅奉命行抵青海，积极筹备入藏。但就在此时，英帝国主义者直接出面干涉，他们唆使西藏亲帝分子以反对中央政府派专使和仪仗队入藏为借口，阻止和延宕班禅返回西藏。国民党政府屈服于英帝国主义的压力，返藏事宜拖延了下来。

1937年"七七"事变后，抗战紧急，京沪沦陷，国民党政府无暇西顾，遂于同年8月下令"抗战期间班禅应暂缓入藏"。九世班禅因返藏大愿未遂，隐忧成疾，于1937年12月1日在青海玉树逝世。国民党政府为褒扬九世班禅反对分裂西藏，维护国家统一，阐教西陲的功勋，追封他为"护国宣化广慧圆觉大师"。

九世班禅逝世后，国民党政府下令撤销护送专使行署，将班禅行辕改为诵经堂，减少经费，遣散人员。但跟随九世班禅到内地的僧俗官员不愿离散，他们按照宗教程序派员寻访九世班禅转世灵童，结果于1941年在青海省循化县温都乡，寻得九世班禅的转世灵童官保慈丹，并接到青海塔尔寺供养。班禅驻京办事处在寻到班禅转世灵童后，呈请国民党政府批准为十世班禅，并要求恢复班禅行辕机构。此时，西藏地方当局中亲英势力气焰嚣张，他们逼迫热振活佛于1941年辞去摄政职务，由亲帝分子大扎继任。1943年夏，亲帝派突然宣布成立"外交局"，企图表明"西藏独立"。在帝国主义唆使下，西藏当局的亲帝分子设计陷害热振活佛，1947年5月7日，热振活佛被迫害致死。与热振活佛关系密切的爱国人士十四世达赖的父亲祁却才仁也被亲帝分子毒死。正当这个时候，西藏地方当局也寻得两个九世班禅的转世灵童，并派王乐阶再来青海，迎接在塔尔寺的这个班禅灵童到拉萨举行掣签，企图选出一个亲帝的十世班禅，以期达到搞"西藏独立"分裂祖国的阴谋。以札萨罗桑坚赞为首的班禅诵经堂官员,提出在西藏问题未解决之前,班禅坚决不返藏,并提请国民党政府明确宣布:(1)塔尔寺已履行宗教手续的灵童确定为十世班禅正身;(2)由国民党政府命令护送十世班禅返藏。

1947年8月,国民党政府批准成立西藏班禅堪布会议厅,发给汉藏合璧印一颗。1949年6月3日,国民党政府颁布命令:"青海灵童官保慈丹,慧性澄圆,灵异夙著,查系第九世班禅额尔德尼转世,应即免予掣签,特准继任为十世班禅额尔德尼。"8月10日,以国民党政府蒙藏委员会委员长关吉玉为专使,赴塔尔寺主持了十世班禅的坐床典礼。至此十世班禅在法律上完成了认定手续,官保慈丹成为合法的第十世班禅额尔德尼,法名确吉坚赞。

1949年8月,国民政府派专使关吉玉到青海塔尔寺为第十世班禅额尔德尼·确吉坚赞(中)主持坐床典礼。这是端坐法床上的十世班禅,时年十岁

从九世班禅被迫离开西藏至十世班禅坐床,经历了北洋政府和国民党政府两个时期,班禅行辕人员在内地流浪达26年之久,正如计晋美1949年12月21日《我们的希望》一文所说的:"西藏为中国的领土,人民为中国的同胞,我班禅大师为了西藏领土主权的完整和解除人民的痛苦,奋斗努力垂二十余年。"

由于帝国主义的挑拨和北洋、国民党政府的腐败,致使西藏问题未能得到解决,班禅返回西藏的夙愿一直未能实现。完成统一祖国大业、解放西藏、护送十世班禅荣返西藏,就历史性地落在中国共产党和中国人民解放军的肩上。

争取班禅集团

1949年8月上旬，兰州解放前夕，中国人民解放军第一野战军总部还驻扎在甘肃省榆中县城近郊的一个村庄里。彭德怀吩咐范明到司令部开会，当时在座的有政治部主任甘泗淇、副主任张德生，还有兰州地下党工委书记杨实。彭德怀让大家看毛主席派发给他的《关于解放西北方针的指示》电报，其中第四项中特别指出："此外，班禅现到兰州，你们攻兰州时，请十分注意保护并尊重班禅及甘、青境内的西藏人，以为解决西藏问题的准备。"彭德怀说，"这是毛主席关于准备解决西藏问题的第一个指示。看来保护班禅，尊重班禅及甘、青境内的西藏人，不仅是解决西藏问题的战略决策，而且是一个重要的战略部署，我们必须认真执行，做好调查研究。"会上研究决定，将这项任务交给范明具体完成。

兰州解放后，彭德怀就着手考虑解放西藏问题。他严肃地说："现在联络部在民族工作方面的紧急任务是：第一，要把争取和团结班禅的工作做好；第二，要把甘南藏军保安司令黄正清的工作做好；第三，要把安木多地区藏族的工作做好；第四，团结教育藏族知识分子，培养少数民族干部，创办藏族训练班。你们联络部当即本此精神进行部署，开展工作。"接到任务后，范明开始做起了保护班禅，团结班禅和甘、青两省境内藏族人民的工作。

范明首先开展做争取班禅集团的工作，指派联络部干部李天民、陈康民等同志到青海，配合青海省委、省军政委员会前往塔尔寺，做班禅堪布会议厅留守人员的工作，并通过他们做十世班禅的工作。经过各方面的努力，使班禅于1949年10月1日中华人民共和国宣告成立之际，向毛主席和朱总司令发了致敬电，同时也给彭副总发了致敬电。

任第一野战军政治部秘书长兼联络部长时的范明

十世班禅代表西藏人民向毛主席和朱司令"致崇高无上之敬意,并矢拥护爱戴之忱",并请求彭副总司令"恳领义师,解放西藏,肃清叛国分子,拯救西藏人民"。

十世班禅避居青海都兰香日德行宫时,派计晋美为代表赴兰州见范明,范明建议十世班禅向毛主席发致敬电。起草的电文经与范明讨论后,由班禅审定。

这就是1949年10月1日,十世班禅为庆祝中华人民共和国成立,向毛主席、朱总司令和彭德怀副总司令分别发出的那两份举世瞩目的致敬电。

十世班禅

北京,中央人民政府毛主席、中国人民解放军总司令朱德钧鉴:钧座以大智大勇之略,成救国救民之业,义师所至,全国腾欢。班禅世受国恩,备荷优崇。二十余年来,为了西藏领土主权之完整,呼吁奔走,未尝稍懈。第以未获结果,良用疚心。刻下羁留青海,待命返藏。兹幸在钧座领导下,西北已获解放,中央人民政府成立,凡有血气,同声鼓舞。今后人民之康乐可期,国家之复兴有望。西藏解放,指日可待。班禅谨代表全藏人民,向钧座致崇高无上之敬意,并矢诚拥护爱戴之忱。

班禅额尔德尼 十月一日叩

> 兰州，彭副总司令钧鉴：班禅世受国恩，备荷优崇。二十余年，为了西藏领土主权之完整，呼吁奔走，未尝稍懈。第以未获结果，良用疚心。刻下羁留青海，待命返藏。兹幸在钧座领导下，西北已获解放，边民同声欢忭，今后人民之康乐有期，国家之复兴可待。即久被忽视之西藏人民，亦莫不引领而望，卜庆来苏。仍恳率领义师，解放西藏，肃清叛国分子，拯救西藏人民。班禅谨代表全藏同胞，向钧座致崇高之敬意，并矢诚拥护爱戴之忱。
>
> 班禅额尔德尼 十月一日叩

1949年，中央已把解放西藏提到议事日程上。1949年10月23日，毛主席和朱总司令复电十世班禅，赞扬西藏人民是爱祖国而反对外国侵略的。"希望先生（班禅）和全西藏爱国人士一致努力，为西藏的解放和汉藏人民的团结奋斗。"同一天，彭副总也复电，希望十世班禅号召西藏人民加紧准备，迎接西藏解放。

十世班禅为了表示向共产党、人民政府和人民解放军致敬并提出他们的意见和要求，派计晋美、纳旺金巴和蔡仁团柱等代表于1949年10月28日抵达西宁。青海省委向他们进一步宣传党的民族、宗教、统战等政策，初步解决了他们提出的生活困难等问题。计晋美等人经过亲自观察，开始解除了因国民党谣传而对共产党产生的种种疑虑。

毛主席接见十世班禅致敬代表计晋美

1950年4月26日，青海省委统战部和青海联络站，为了进一步加强班禅方面的工作和满足班禅的请求，专函介绍班禅行辕原驻南京办事处处长计晋美等到兰州西北军区联络部见范明，申述他们要到西安向西北军政委员会致敬的意见和要求。经请示西北局复电同意后，于5月中旬联络部派人送计晋美等到达西安，拜会了西北军政委员会的首长，并于7月21日列席了西北民族事务委员会第一次全体委员会议。计晋美等人以十世班禅代表的名义，于8月1日向西北军政委员会彭德怀主席转毛主席，呈递了《解放西藏办法及政府组织方案》，建议中国人民解放军"从滇、康、青、新四省同时进军西藏，统一作战，以收迅速解放之效"；《方案》还提出"西藏有整块的土地，统一的民族，适合区域自治的条件，组织一行政区而将前后藏分别自治"。此外，他们还提出了许多具体的要求。8月3日，毛主席复电彭德怀，同意计晋美来京面谈他们的要求和对解放西藏的意见。

9月上旬，毛主席在北京接见了计晋美，双方进行了亲切的谈话，毛主席答应了班禅致敬团所提出的问题和要求，并于9月23日，向西北局、西南局以及青海省委发出了《关于班禅致敬团提出的问题和要求的指示》，除了肯定班禅代表"所提西藏政教组织方案的意见很好，是合乎爱国与团结的精神……"外，同时做出了我党争取、团结班禅集团的英明决策和方针："班禅集团愿意同我们合作，是意见很好的和很重要的事情。不管西藏解放形式如何及达赖集团的变化如何，我们必须积极争取班禅集团和他们所能影响的人民和我们

詹东•计晋美

1950年9月，毛主席在北京单独接见了班禅致敬团代表计晋美。他是毛主席接见的第一位西藏人

合作"。同时对他们所提问题和要求做了明确的答复：

（一）确定增加班禅封号的时机，俟西藏代表团来京谈判后再定。

（二）班禅回西藏是确定了的，回藏时机亦待以后情况决定。

（三）同意他们组织民族部队三千至五千名，其中包括班禅卫队五百名。由人民解放军派出得力且又能搞好民族关系的人员，帮助他们组织和训练。

（四）同意在塔尔寺附近设立民族学院分院或单独的训练班，帮助他们训练行辕人员和一般干部。

（五）同意成立宣传队。

（六）同意拨一个医务所。

（七）帮助他们成立机关消费合作社。

（八）同意拨给一部电台，并配给报务和译电人员。

（九）同意拨给汽车。

（十）同意建立北京、重庆、西安、西宁四个办事处。

（十一）经费，班禅本人每月用费银洋一千五百元；班禅行辕人员包括眷属412名，总计每月发面粉2468袋（44斤为一袋）。

（十二）发还香日德垦牧地，将来如实实行土地政策，依政府法令处理。

（十三）同意由政府派络员参加行辕。

青海省解放后，1950年8月25日，在西北人民解放军的护送下，十世班禅及其行辕人员从青海都兰香日德行宫返回塔尔寺，等候返回西藏

1950年10月31日,十世班禅响应中央号召声明:西藏是中华人民共和国的领土,西藏人民是中国人民组成不可分离的一部分,任何帝国主义不能侵略和吞并。

为了贯彻中央的指示,西北局先后于11月8日、11月13日,接连向西北军区以及甘肃、青海省委做了具体部署,进一步做好班禅集团的工作,满足他们的要求。

青海省解放后,1950年8月25日,在西北人民解放军的护送下,十世班禅及其行辕人员从青海都兰香日德行宫暂时返回塔尔寺,等候返回西藏。

青海省人民成立后,十世班禅大师(中)前往西宁祝贺时与省政府领导合影

1950年9月2日,十世班禅率其行辕主要官员从塔尔寺前往西宁向中共青海省委、省人民政府、省军区致敬,感谢党和人民政府对他们的关怀和照顾。

就任驻十世班禅行辕代表

在青海塔尔寺

1951年3月19日,在青海省塔尔寺,时任西北军政委员会驻班禅行辕代表范明,在参加了班禅行辕举行的就职仪式后,十世班禅(中)、范明(左)、青海省政协副主席扎西(右)的合影

1951年2月27日,西北军政委员会根据中央的决定,任命范明为西北军政委员会驻班禅行辕代表,牙含章为助理代表。

范明就任驻班禅行辕代表的任务除了部署班禅返藏的筹备工作外,另一个重要任务,就是陪同十世班禅进京向毛主席和中央人民政府致敬。

陪同十世班禅进京致敬

在西安

西北军政委员会驻班禅行辕代表、西北西藏工委书记范明（后排左）陪同十世班禅（前排左）进京，中共中央西北局书记习仲勋（前排右）欢迎十世班禅

1951年4月19日，在西安机场，中共中央西北局书记习仲勋（前排右）欢迎十世班禅（前排左），西北军政委员会驻班禅行辕代表、西北西藏工委书记范明（后排左）陪同

1951年4月，中共中央西北局书记习仲勋（左）在西安迎接赴北京参加和平解放西藏谈判的十世班禅（中），计晋美（右一）陪同

1951年4月，在西安，中共中央西北局书记习仲勋和十世班禅合影

1951年4月,在西安,中共中央西北局书记习仲勋迎接十世班禅进京向毛主席和中央人民政府致敬,并在北京参加和平解放西藏谈判时的合影。前排习仲勋(左三)、十世班禅(右三)、汪锋(右一)、计晋美(二排左一)、范明(二排左三)

在北京

1951年4月27日,班禅由范明陪同,在西安乘专列到达北京车站。十世班禅(右四)一行受到中央人民政府副主席朱德(右三)、政务院总理周恩来(右一)等领导同志的热烈欢迎

1951年"五一"国际劳动节这一天,李维汉部长和范明陪同十世班禅登上天安门城楼。毛主席在天安门城楼厅里单独接见了班禅,范明陪同,计晋美做翻译。这是毛主席和十世班禅在第一次见面时亲切交谈

1951年5月1日在天安门城楼上。左起：尧西·彭措扎西、詹东·计晋美、阿沛·阿旺晋美

1951年5月24日，中共中央举行了庆祝和平解放西藏的宴会，十世班禅出席了宴会。毛主席在会上讲话说："西藏的和平解放，实现了团结，这种团结，是各方面努力的结果。今后，在这一团结基础之上，我们各民族之间，将在政治、经济、文化等一切方面得到发展和进步。"

习仲勋为十世班禅送行

在青海省西宁等候返回西藏

十世班禅返回西宁时的照片

《十七条协议》签订以后,中央政府决定由范明护送十世班禅返回西藏。1951年6月23日,班禅一行返回青海塔尔寺暂住,等候返回西藏。

在西宁欢送十世班禅光荣返回西藏

1951年12月15日,时任中共中央西北局书记习仲勋代表毛泽东主席、中央人民政府和西北军政委员会,专程到青海省西宁,欢送十世班禅光荣返回西藏。习仲勋(左二)与班禅(右一)的合影

1951年12月16日，青海省各族、各界人民代表1000多人在西宁举行欢送大会。中共中央西北局书记习仲勋代表毛主席、中央人民政府和西北军政委员会致欢送词。他说："班禅额尔德尼先生同达赖喇嘛一样，在西藏人民中的信用是很高的，班禅先生离藏28年间，西藏人民时刻在怀念着。班禅先生此次返回西藏一定会受到西藏人民的热烈欢迎。这是中央人民政府对和平解放西藏取得胜利的必然结果，是接着和平解放西藏之后的又一件大喜事。这说明，西藏在毛主席和中央人民政府正确领导下，达赖喇嘛和班禅额尔德尼两位先生已经团结起来了，全西藏的人民团结起来了。从此，我们祖国的各民族亲密地团结起来了。"班禅额尔德尼致答谢词，对毛主席、中央人民政府、西北军政委员会和青海省党政军在解放以来的关怀和此次的热情欢送，表示衷心感谢，并表示，返藏后在毛主席、中国共产党和中央人民政府领导下，与达赖喇嘛紧密团结，彻底实现和平解放西藏办法的协议。青海省党政军的负责人张仲良、赵寿山、廖汉生以及西北军政委员会委员黄正清出席大会。他们一致祝贺达赖喇嘛和班禅额尔德尼的团结。会上，西宁各族各界代表和儿童向班禅献花、献旗，并通过给达赖喇嘛的贺电。

习仲勋对做好班禅工作的指示

1951年12月18日，在十世班禅启程返藏的前一日，习仲勋对牙含章、梁选贤传达了《关于做好班禅工作和反帝爱国统一战线工作的指示》，让他们代交西藏工委贯彻执行，其要点如下：

（一）西藏目前主要搞好统一战线，藏族内部的，藏族与国内民族的统一战线工作。

（二）不敢犯急性病，采取稳进谨慎方针。所谓稳进，不是不进，而是多用思想，多考虑应办不应办，办了以后如何？这样去做，办一步就有一步成绩，并且可以巩固起来。这是搞好西藏工作的方针。在西藏，有些事情宁可迟办，不可急办，不怕慢，只要搞好，否则反而要走弯路。

（四）统一战线，以我们为主体，首先搞好达赖与班禅之间的团结，然后搞民族、宗教、上层、下层、僧俗、农牧民，组成一个爱国反帝的统一战线。爱祖国，反帝国主义，这是西藏搞统一战线的基础。搞这个统一战线，就是为了开展反帝斗争，在斗争中巩固扩大统一战线。西藏反封建一下还谈不到。班禅、达赖就是封建势力，这个封建势力要争取，组织到反帝统一战线中来。因为今天他们还愿意爱国，反帝……

（六）对班禅集团，要多帮助，要教育他们，给他们出主意，想办法，班禅集团在西藏，就像新疆的伊宁三区一样，是一个进步力量，他们在西藏是被压迫的，他们不靠我们是不可能的，会和我们合作到底的。我们只应在合作当中帮助他们进步。今天他们在大的方面和我们能站在一起，这就对。对他们的落后不要要求过高。只有"大同"不可以，"小异"是要有的。有"小异"就是统一战线。这一点你们要特别注意，这就是我们共产党人的气派。遇到重要问题，要争，不能马虎，小的问题不要争，要马虎。

（七）注意班禅集团的人，不要有一个被敌人收买过去，这是我们的最大胜利。

（八）对达赖、班禅，表面上要一视同仁，但同时要"胸中有数"，要承认班禅集团是比较进步的，比较可靠的。

（九）对入藏的汉族干部，多做政治教育，要求他们在藏族人民中做出模范行动（各方面的模范）以影响他们。

（十）要注意西北去的干部，要和西南去的干部团结一致。

牙含章于1952年5月护送十世班禅抵达拉萨后，当即将习仲勋上述的十条指示，向工委做了汇报传达。工委认为习仲勋关于西藏统一战线工作的十条指示，是依据西藏的实际情况，从理论上、方针政策上以及领导方法上做了辩证法的阐述，为西藏搞好反帝爱国统一战线，搞好藏汉团结、藏族内部的团结和干部内部的团结等方面，都是十分重要的。当即将习仲勋的指示转发各分工委，要求结合当地实际，认真学习讨论，坚决贯彻执行。

1951年12月19日，班禅及其堪布厅成员，在西北军政委员会驻班禅行辕助理代表牙含章和中央人民政府派驻堪布会议厅任副秘书长的梁选贤等陪同护送下，离开西宁启程返回西藏

十世班禅抵达西藏拉萨

1952年4月24日,十世班禅及其护送人员抵达拉萨东郊胜利塘。三大寺代表和西藏地方政府官员,以极其隆重的仪式,拜见了班禅,并向他敬献哈达

1952年4月28日,范明向十世班禅大师敬献哈达

十世班禅一行抵达拉萨,时任西藏工委副书记、西北军政委员会驻班禅行辕代表的范明在1951年8月进军西藏、在青海西宁与班禅大师辞别10个月后,在西藏拉萨又与十世班禅会面了。

1952年4月28日，十世班禅及其堪布会议厅委员会人员从青海返回西藏，到达拉萨。中央人民政府驻西藏代表张经武和人民解放军驻拉萨机关、部队、西藏地方政府各级官员、西藏地方部队、三大寺喇嘛、拉萨市僧俗人民等两万多人迎接。图为张经武和十世班禅的合影

1952年4月28日，十世班禅额尔德尼·确吉坚赞（右）和十四世达赖喇嘛（左）在拉萨布达拉宫的日光殿举行了碰头礼

十世班禅额尔德尼·确吉坚赞（左）和十四世达赖喇嘛（右）在交谈

1952年4月28日下午，十世班禅额尔德尼·确吉坚赞（右）和十四世达赖喇嘛（左）在布达拉宫日光殿举行历史性会晤

十世班禅正式坐床

1952年6月9日,十世班禅从拉萨启程,前往日喀则。日喀则由群众自发组成的热烈欢迎场面正在形成

扎什伦布寺的僧侣和日喀则的居民,为了迎接等待了29年的十世班禅,在院房四周换上了新的玛尼经幡,到处挤满了前来迎接的牧民。

1952年6月23日,十世班禅抵达日喀则,日喀则郊区聚集了6万多人欢迎,许多僧侣百姓在此等候一个多月,看见班禅时不少人痛哭流涕,场面十分感人

1952年6月23日,十世班禅荣归西藏日喀则时受到广大群众的热烈欢迎

十世班禅抵达日喀则的当日,即在扎什伦布寺历代班禅举行坐床典礼的大殿内,隆重举行升座参禅。升座前,牙含章、张经武代表中央人民政府向班禅赠送沙金、玉碗和各种象牙雕刻等珍贵礼物表示祝贺

护送班禅返藏的历史意义

从九世班禅被迫离藏避居内地到十世班禅坐床，20多年来，班禅集团为了维护祖国的统一，捍卫祖国领土主权的完整，进行了艰苦卓绝的斗争。但由于北洋政府和国民党政府腐败无能，西藏问题悬而未决，班禅返藏夙愿未达。只有中国共产党领导全国各族人民推翻了三座大山，解放了全国大陆之后，在党的领导下，中央人民政府与西藏地方政府签订了《十七条协议》，使西藏获得和平解放。只有这时，国内各民族人民团结起来，西藏内部团结起来，班禅返藏才能成为现实。

一句话，十世班禅光荣返藏，是西藏反帝爱国统一战线的伟大胜利，是毛泽东思想解决民族问题的伟大胜利，是党的民族政策所结的丰硕成果。正如1952年8月25日十世班禅向毛主席写的《返藏工作报告》中说的："由于毛主席和中央人民政府的正确领导，我和行辕全体人员得以光荣返藏，并根据和平协议的规定，后藏所属百姓的差役已恢复到了清朝乾隆癸丑年（公元1794年）的原规定，负担大大减轻，人民生活有了初步改善，后藏僧俗官员民众莫不感激万分。"至此，西北西藏工委圆满地完成了护送班禅返藏的光荣任务。

扎什伦布寺是西藏日喀则地区最大的寺庙，为四世之后历代班禅喇嘛驻锡之地，是格鲁派的"四大寺"之一。这是1952年十世班禅荣归藏地时扎什伦布的老照片

十世班禅1952年6月荣归西藏日喀则，在扎什伦布寺正式坐床

第九章 建设新西藏

西藏地区工作委员会成立

　　1951年12月19日，西藏和平解放后，中央决定将西南、西北两个西藏工委合并，组成统一领导的中共西藏地区工作委员会。

　　1952年1月10日，拉萨市隆重举行统一的西藏工委成立大会。大会正式宣布由张国华、范明、牙含章、慕生忠、谭冠三、昌炳桂、王其梅、陈明义、李觉、刘振国、平措旺阶11人为委员组成西藏工委。张国华任书记，范明任副书记。

在西南、西北两工委合并成立大会上，中央人民政府驻西藏代表张经武讲话

1952年1月10日，在拉萨举行的两工委合并大会上，西藏工委部分委员在中央代表驻地桑多仓合影。左起：平措旺阶、慕生忠、谭冠三、范明、张经武、张国华、李觉、刘振国、王其梅

西南、西北两工委合并后，内部主要领导在上层统一战线、西藏统一步骤、改编藏军、财政经济方面发生了原则性的分歧，张经武两次向中央、西南局建议实行一元化领导。因张经武在西北局和西南局都曾工作过，统战工作成绩卓著，中央于1952年3月7日决定由张经武兼任西藏工委书记，张国华、谭冠三、范明分别为第一、第二、第三副书记。

范明时任中国共产党西藏地区工作委员会副书记兼情报委书记和统战部部长

中国共产党西藏地区工作委员会原址

西藏军区成立大会

西藏军区成立大会在拉萨河畔孜仲林卡举行

中央人民政府驻西藏代表张经武在西藏军区成立大会上宣读中央军事委员会任命西藏军区主要领导的名单

西藏军区主要领导名单（1952年2月—1955年4月）

司令员	张国华
政治委员	谭冠三
第一副司令	阿沛·阿旺晋美
第二副司令	朵嘎·彭措饶杰
副政治委员	范明、王其梅（兼干部部长）
参谋长兼后勤部长	李觉
政治部主任	刘振国
后方部队司令员兼政治委员	陈明义
后方部队第一司令员	金绍山
后方部队第二司令员	张忠

自1950年1月至1959年3月，西藏军事系统有解放军十八军、解放军西藏军区、西藏地方部队。根据《十七条协议》规定："西藏军队逐步改编为人民解放军，成为中华人民共和国国防武装的一部分。"由于条件不成熟，在1959年3月之前，除在昌都战役中起义的藏军第九代本步兵团接受改编外，其余藏军均未改编。

西藏军区成立大会上，
范明（左）与张国华合影

西藏军区第一副政治委员范明

1952年2月8日，经中央军委批准，西藏军区为二级边防军区，归西南军区领导，同时十八军番号撤销。西藏工委对各地党组织和军队实施统一领导，对外均以部队番号名义出现。

西藏军区成立大会，范明（右）与中央人民政府驻西藏代表张经武合影

布达拉宫广场举行庆祝西藏军区成立大会

西藏地方部队和僧俗群众万余人在布达拉宫广场举行庆祝西藏军区成立大会。

1952年2月11日,张国华(一排右)、张经武(一排中)、谭冠三(一排左)、范明(二排左一)进入庆祝西藏军区成立大会会场

1952年2月11日,庆祝大会结束后,人民解放军全体指战员和西藏地方部队官兵,在张经武监誓和张国华领誓下,用藏汉两种语言庄严宣誓。大会通过了向毛主席和朱总司令的致敬电。左起:张经武、李觉、朵噶·彭措饶杰、阿沛·阿旺晋美、张国华、谭冠三、范明

1952年2月11日，庆祝大会后，驻拉萨的人民解放军、西藏地方部队和僧俗人民举行了庆祝游行。图为西藏军区领导检阅解放军驻藏部队，一排左起谭冠三、张经武、张国华，二排左起范明、阿沛·阿旺晋美

1952年2月11日，庆祝大会后，张经武与军区领导检阅西藏地方部队。图中：张国华（一排右）、张经武（一排中）、谭冠三（一排左）、范明（二排左）

治藏方略上的争论

关于西藏统一步骤问题的争论

1952年初,范明任工委副书记兼工委统战部部长。范明有多年做党的统战工作和民族工作,未入藏前就接触甘、青藏族工作,做团结班禅工作的实践;到西藏后亲自做达赖集团工作的实践,特别是亲自参与和西藏伪人民会议斗争取得了有理、有利、有节胜利的实践。他以马列主义毛泽东思想的民族观为指导,结合西藏的实际,通过总结,对西藏反帝爱国统一战线,从理论上和策略上加以阐述,以便让做统一战线工作的同志有所遵循,也对当时党内持不同意见的同志进行了答复。1952年9月10日,范明代西藏工委统战部起草了《关于目前西藏地区统一战线工作中的几个策略问题的报告》。这个策略报告,是范明对西藏反帝爱国统一战线工作的第一个关于形势、方针、政策的全面总结报告,也是范明第一次明确提出西藏当前的主要矛盾是统一与分裂的矛盾,而不是有的同志说的是民族矛盾的重要论述。在1952年12月西藏工委会上,对这份报告的讨论引起了西藏工委党内的不团结。

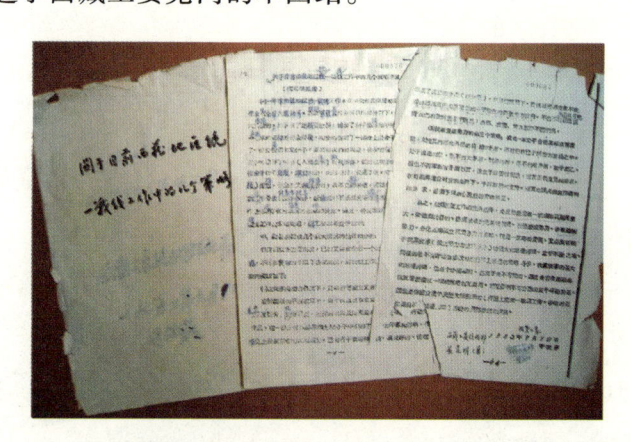

《关于目前西藏地区统一战线工作中的几个策略问题的报告》原件

关于统一西藏方针问题的争论

1952年9月,中央点名派范明赴日喀则检查工作。10月23日,在西藏的日喀则,范明和牙含章向中央发了《关于统一西藏方针问题的意见》的电报。

1952年10月27日，中央复电西藏工委指出："在中央人民政府统一领导之下的西藏（指前藏后藏和阿里地区，在条件成熟时还可包括昌都地区）地区的统一，对于建设和发展西藏，对于争取团结全国藏族都是有利的。统一是困难的，因此需要慎重稳步实现，不可急躁。日喀则分工委注意到这点是好的，但决不可采取先分治后统一的步骤，这样无论对目前还是将来，都是不利的。因此，统一的西藏自治区，是不可动摇的。"

中央发来了电报指示，批评了西藏工委主要领导，认为要把班禅集团统一到达赖集团的做法是错误的，还指出不能让达赖集团把班禅集团的一个人拉过去。

1953年3月，班禅堪布会议厅报请中央批准，正式成立了直接受政务院领导的班禅堪布会议厅委员会，并任命詹东·计晋美和拉敏·益西楚臣为主任委员，梁选贤、纳旺金巴、王乐阶、德饶·多吉友甲为副主任委员。

西藏工委内部主要领导在中央专门召开的西藏工作讨论会上，解决党内分歧和争论

由于西藏工作的特殊性和复杂性，"西藏工委的党委制和集体领导不够健全，工委内部存在着不团结现象，对西藏基本情况的分析，统一西藏步骤问题，统一战线问题，改编藏军问题，以及一些财经政策问题，工委内部发生了带原则性的分歧意见。这些分歧意见长期没有得到解决，因而也影响了工委内部的关系"。1953年3月，范明从西藏到北京参加会议，住在北京饭店。习仲勋、李维汉要范明把对西藏工作中的不同意见写份书面报告。范明撰写了《关于西藏工作中若干不同意见》的报告，上报给了李维汉。

1953年5月，毛泽东召见范明和几位著名中医，指示范明要钻研中医学，攻克癌症的难关，并赠送范明中医药经典著作和资料。此时，西藏工委党内主要负责同志之间的争论和不团结，引起了毛泽东的重视。在中共中央文献研究室编辑的《毛泽东年谱》上记载，1953年5月18日毛泽东致信彭德怀："关于去朝鲜工作一个时期的问题，西藏来的同志除张国华外，还有范明，请一并考虑，是否可以让他们两人都去锻炼一次。此事请询问一下李维汉同志。"

为了解决西藏工委党内的分歧和争论,1953年底至1954年初,中央命西藏工委的张国华、范明、慕生忠、王其梅、牙含章等赴北京参加西藏工作讨论会。其中,慕生忠中途有事离京。中央统战部部长李维汉主持了这一会议。张经武没有参加这次会议,他和谭冠三留在拉萨主持西藏工委的工作。

从这一时期中央对西藏工作的指示以及中央召开的西藏工作讨论会的总结报告中可以看出,上述认识上的分歧主要表现在:

(1)在统一西藏步骤上,存在着是采取统一还是先分治后统一的认识,认为"班禅地区将来可以考虑先搞区域自治,以便促成早日实现统一的区域自治"是不恰当的。但把这种意见和其他一些意见批评为"党内分治思想"和"立场问题"也是不恰当的。而要把班禅集团统一到达赖集团的做法是错误的。

(2)在西藏统一战线问题上,范明的认识是:在反帝爱国统一战线内部,分为"爱国派""中间派"和"顽固派"。达赖属于右派(顽固派)。争论的结果是,为了照顾大局和党内的团结,在策略上同意将达赖在反帝爱国的政治态度上按中间派划分。

(3)在财经问题上,存在着"急于实行藏币统一"的认识。

这次西藏工作讨论会的与会者分为两方,各抒己见,争论十分激烈。会议前后开了三个多月,共举行了59次会议。邓小平同志批评这次西藏工作讨论会就像朝鲜战场中朝与美国在"板门店"的谈判一样,批评与会同志缺乏自我批评精神。据说当时在北京把这次西藏工作讨论会称为西藏的"板门店"会议。

这次讨论会适逢中共七届四中全会,全会通过了《关于增强党的团结的决议》。毛主席发出"要增强党的团结","党的团结是党的生命"的指示和号召。在此精神下,西藏工委党内主要负责同志都主动开展了批评与自我批评,获得了基本一致的意见。同志间的关系"也获得了比较满意的改善"。

最后会议形成了《总结报告》,并提交给中央政治局讨论。范明和张国华列席了这次中央政治局会议。在会上,范明和张国华都做了自我批评和检讨。中央批准了会议的《总结报告》。在西藏工作讨论会《总结报告》精神的指导下,西藏工委内部团结和西藏工委领导下的西藏工作出现了良好的新局面。

陪同班禅进京，参加第一届全国人民代表大会

第一届全国人民代表大会第一次会议定于1954年9月15日在北京举行。十四世达赖、十世班禅在西藏民族、宗教界中有很高的地位和影响，争取达赖、班禅出席全国人民代表大会具有重大的政治意义。因此，中央指示张经武及西藏工委，要积极争取达赖、班禅出席会议。西藏工委经过多方努力，冲破了西藏地方政府分裂势力设置的重重障碍，终于争取了达赖和班禅一同前往北京，出席第一届全国人民代表大会第一次会议。

中央于6月14日电示西藏工委，达赖由张经武代表陪同，经康藏线赴内地，班禅则由范明陪同经青藏线赴内地，在西安汇合后，联袂进京。7月16日，范明陪十世班禅离开拉萨，重新踏上了青藏高原雪山草地的青藏路线，经过1600余里的草地行军，于7月27日到达可可西里(五道梁)。此时，青藏公路已经修到了可可西里。西北各省对接待班禅进京都非常重视，陕西、甘肃、青海三省都派出代表到可可西里迎接。范明一行于8月22日到达西宁，8月30日到达西安。9月1日达赖到西安。达赖、班禅在西安同乘专列于9月4日到达北京，受到朱德副主席、周恩来总理等国家领导人以及各界人士、群众的热烈欢迎。

达赖和班禅出席第一届全国人民代表大会第一次会议，是新中国的西藏地区代表参与国家事务的开始，表明了西藏人民拥有了国家重大事务管理的权利，进一步加强了西藏各民族与祖国各民族之间的团结。这是一次空前盛事。

1954年7月，范明陪同十世班禅赴北京参加一届人大会议，途经青藏公路"天涯桥"时，十世班禅（后排左一）观看青藏公路修路情况时留影

1954年8月下旬，范明（后左一）陪同十世班禅进京参加第一次全国人民代表大会，途经西宁

1954年8月下旬，范明（右）陪同十世班禅（左）进京参加第一次全国人民代表大会，途经西宁时，与青海省军区廖汉生司令员（中）合影

1954年9月3日，张经武（右一）、范明（左一）分别陪同达赖（左二）和十世班禅（右二）一行在西安会合后，乘火车前往首都北京

1954年9月4日，班禅（左一）和达赖（中）进京参加全国人民代表大会和国庆活动，中央人民政府副主席朱德（右一）等中央领导到火车站迎接

1954年9月11日，十世班禅在勤政殿谒见毛主席，献上哈达

1954年9月11日，毛主席接见达赖（右一）、班禅（右三），范明（后排左一）陪同

1954年，十世班禅进京时给中央领导和西藏工委主要领导赠送了纪念礼品。这是当时送给范明的劳力士金手表，经中央批准可以本人留作纪念，这块珍贵的纪念礼品范明一直珍藏，作为传家珍品收藏至今

中华人民共和国第一届全国人民代表大会第一次大会于1954年9月15日在北京市中南海怀仁堂开幕。全国人大代表十世班禅在大会报到处报到，十世班禅堪布会议厅委员会主任委员詹东·计晋美（右一）陪同

1954年9月11日，毛主席在北京中南海接见十四世达赖和十世班禅等人的合影。前排左起：中央统战部部长李维汉，中央人民政府副主席黄炎培、张澜、宋庆龄，十世班禅，毛泽东，十四世达赖，中央人民政府副主席刘少奇、李济深、郭沫若、陈叔通。后排左起：平措旺

阶，达赖母亲德吉才仁，阿沛·阿旺晋美，十六世葛玛巴·日贝多吉，范明，达赖副经师赤江·罗桑益西，张经武，达赖经师林仓活佛，中央统战部副部长汪锋，班禅副经师杂·洛桑尼玛，班禅父亲尧西·贡保才且，计晋美，中央人民政府办公厅主任齐燕铭，副主任余心清

1954年9月,达赖(右一)和班禅(右二)参加第一次全国人民代表大会时投票的情景

1954年9月,全国人民代表大会西藏代表范明,陪同班禅、达赖参加第一次全国人民代表大会时在北京合影。右起:计晋美、阿沛·阿旺晋美、范明、达赖、班禅、赤江·罗桑益西、尧西·择仁卓玛、杨东生

1955年3月9日,班禅和达赖列席了周恩来总理主持的国务院第七次扩大会议,专门讨论西藏地方工作。

正面第一排:周恩来、邓小平、陈毅、达赖、翻译、班禅;

正面第二排:张经武、谭冠三、范明、阿沛·阿旺晋美、计晋美(左六)

1955年2月24日,毛泽东等国家领导人在北京中南海接见达赖和班禅。左起:达拉·洛桑三旦、国家民委主任刘格平、全国人大常委会副委员长李维汉、国务院副总理邓小平、全国人大常委会委员长刘少奇、十四世

达赖喇嘛、毛泽东、十世班禅额尔德尼、国务院总理周恩来、张经武、国务院秘书长习仲勋、范明、大喇嘛纳旺金巴、国家民委副主任汪锋、平措旺阶

西藏自治区筹委会成立

1955年3月9日，周恩来总理主持召开国务院第七次全体会议，专门讨论西藏问题。会议通过了《国务院关于成立西藏自治区筹备委员会的决定》。《决定》指出：西藏自治区筹委会是负责筹备成立西藏自治区的带政权性质的机关，受国务院领导。其主要任务是依据我国宪法的规定以及《十七条协议》和西藏的具体情况，筹备在西藏地区实行区域自治。

1956年3月下旬，为了庆祝西藏自治区筹备委员会成立，中央派了以陈毅副总理为团长的中央代表团来西藏祝贺。中央代表团成员57人，分别来自17个民族，连同文艺工作者和工作人员共有800人左右，副团长有张经武、汪锋、桑吉悦喜（天宝）、黄琪翔、王再天、栗再温、巩天民等。如此规模宏大的中央代表团到西藏，在西藏的历史上是第一次。

1956年4月22日，西藏自治区筹备委员会成立。

1956年4月，陈毅副总理与西藏自治区筹备委员会成员合影。前排左起：帕巴拉·格列朗杰、赤江·罗桑益西、范明、张经武、达赖、陈毅、班禅、汪锋、张国华、察雅·罗登西饶

1956年5月,国务院副总理陈毅率中央代表团参加西藏自治区筹备委员会成立大会,会议期间与筹委会领导成员合影。左起:谭冠三、张经武、班禅、陈毅、达赖、汪锋、张国华、范明

1956年4月20日晚,中央代表团在拉萨大礼堂观看文艺演出后与演员合影。左二起:张经武、班禅、陈毅、范明

1956年4月，西藏妇女代表与陈毅合影。右起：张经武、汪锋、范明、陈毅。左一为范明夫人梁枫

西藏工委和军区的领导一起研究世界上海拔最高的当雄机场（位于拉萨市当雄县）建设方案。右起：范明、谭冠三、陈明义、阿沛·阿旺晋美。为了加快当雄机场的建设，范明亲临当雄机场工地，组织施工，终于在半个月的时间内，修建了一条4000米长的飞机起、降简易跑道

1956年5月26日，空军领航机机长韩琳驾驶伊尔-12型运输机，从北线（北京—格尔木—拉萨）试航拉萨，一举成功。图为运输机降落在西藏刚刚修建起来的当雄机场

5月31日，参加西藏自治区筹备委员会成立大会的中央代表团团长、国务院副总理陈毅乘坐"拉萨—北京"航线的首航飞机离藏返京

1956年1月16日至2月3日，西藏地区党代表会议在拉萨召开，讨论由范明起草的《关于四年来党在西藏地区的工作总结和1956年工作任务》。这次会议选举范明（前排左八）为西藏出席中共八大代表

1956年7月，范明（中）与达赖（左）、谭冠三（右）在罗布林卡金鱼池

《通天之路》——修筑青藏公路始末

青藏公路修筑在号称"世界屋脊"的青藏高原上,被西藏人民歌颂为"天路""神路""走向幸福的金桥"。这条公路通往西藏里程较短、四季通车,是五条进藏路线中最繁忙的公路。它曾经担负着85%的进藏物资、90%的出藏物资的运输重任。在公路时代,它将西藏与祖国内地紧紧地连接起来。在西藏经济发展和社会稳定中发挥着重要作用,被誉为西藏的"生命线"。

它又是一条真正的战略公路,是理想的国防公路。1959年平息西藏达赖集团武装叛乱,1962年对印度的自卫反击战,这条通畅的公路起了重要的作用。

习仲勋同意范明提出的修筑青藏公路的动议

1951年3月,西北西藏工委成立后的一天,中央西北局书记习仲勋召集开会,研究筹备进藏物资和干部的配备等问题。在座的有王世泰、贾拓夫。范明向书记习仲勋提出从西北进藏时的三个建议计划:一个是在进藏途中种树。范明说,清朝时左宗棠去新疆沿路植树,现在西兰公路旁还有左公柳。清朝那个封建人物都能植树,我们共产党进藏能不能也在进藏的沿途种树?习仲勋同意了。事隔40年后的1983年,习仲勋还问范明:你们进藏种的树长得怎样?

1951年,西北进藏部队的战士们在进藏路途边撒下树种,以便识别路基,为将来修筑青藏公路打下基础。这幅照片出自八一制片厂纪录片《光明照耀在西藏》

第二个计划，就是这次从西北进军西藏，要探查一下青藏公路的路线。要些工程技术人员沿途记录，利用进藏时机，把路线图测绘出来，探测绘制一条到西藏的公路线。

第三个计划，就是这次进藏要像文成公主那样，带一批工农业技术人员，带石刻匠进藏。

这三个建议计划，习仲勋很赞成。这就是修筑青藏公路最早的设想。这次会议后，习仲勋把这些建议作为一个任务交给了西北军政委员会交通部部长霍维德。于是就有了邓郁清工程师等技术人员进藏，并带了石匠进藏的安排。

进军途中，邓郁清工程师是测路小组组长，他带了几个人，买了步表和简单的测量仪器。途中每天都有报告，行走的里程不是估计的，是自己测的。拉标杆的是藏族同志。到了拉萨任务完成了，测量成果由西藏军区测量队绘制成蓝图，绘制了由西宁入藏的路线图。这就是修筑青藏公路最原始的资料。

范明在西藏工委会议上，第二次提出修筑青藏公路

1952年春，西藏工委扩大会议上，讨论1952年总结1953年计划时，范明提出，建议中央把修康藏公路的人力、财力、物力拿出来三分之一去修青藏公路，只要一年可以完成任务。范明的意见被否决了，但西藏工委也向中央报了范明的建议。当时邓小平总书记、周总理、毛主席都看了范明的建议。

这是修筑青藏公路的第二次动议。

第三次提出修筑青藏公路

1951年8月，西北人民解放军进军西藏的同时，即有工程师邓郁清和测绘人员等随行，从香日德出发，边走边探。这条进军路线虽较近便，但水草地多，工程复杂，不宜筑路。因此，路线勘察工作仍需另外进行。到了1952年，由青海往西藏的骆驼运输队发现了另一条比较平坦开阔，并且沿途有很多半戈壁地带的路线，即现在的青藏公路线。这一新的发现有很大价值，但为了慎重起见，1953年11月中旬，又由运输总队副政委派任启明等赶制了两辆木轮大车，载重千余斤，由西宁出发，沿上述路线向黑河探路。经过70多天的艰苦奋斗，这两辆木轮大车终于胜利地到达了黑河。他们在向上级

报告的电报中喜悦地描写这一段路线的情况说:"远看是山,近看是川。虽然如此,但仍恐木轮车轻便,易于行走,所得资料不实。为了更加慎重和可靠起见,又派王延杰等赶了两辆胶轮大车,各载重两千斤,继续由香日德出发,向黑河探路,结果和木轮大车一样,克服了迷失方向和大风大雪等重重困难,终于也胜利地到了黑河。"两次马车探路,说明该线修路较易。这些可靠资料更增强了修筑青藏公路的信心。

1954年春在北京,西藏工委委员慕生忠提供素材,由范明执笔,署名是范明和慕生忠,给周总理写了报告。这就是范明第三次提出修筑青藏公路的报告。报告中写道:"路平坦,沙柳成片,牧马奔腾,那里是蒙古王的地方,运粮在前,修路在后,一面运粮,一面修路,粮运完之日即公路修成之日。"

周总理批准了这个报告,说报告写得好,并且把这个报告通报了全国,批文说:"解放以来,写报告提出问题,解决问题在全国是没有的。"范明和慕生忠看到总理对报告的批示,十分兴奋。

不久,周总理叫范明和张国华到他那里去。周总理问了康藏、青藏两条路的情况,也谈到范明和慕生忠写的那个报告。周总理说,青藏公路也要修。周总理提出了手掌手背的比喻:周总理谈西藏的地形时,伸出了手让范明和张国华看。总理说,从西南、西北到西藏好比手背、手掌。从西南要经过四五个横断山脉。这个路是世界上最难修的一条,就是修成了,这横断山脉好像毒蛇一样,有五条蛇,斩断一根,全路就不能通了。从青海,从西北向西藏修路,就好像在手背上。马步芳时已修到格尔木。修到西藏、修到新疆都从这里起。路修成了再不会截断。这是真正的战略公路,是理想的国防公路,根据国家的财力可分两步修,第一步先修到格尔木。

从范明和慕生忠写报告给周总理,周总理批准报告,最后找范明和张国华定下来修筑青藏公路,前后仅仅一个月。

1954年春,中央人民政府批准了修筑青藏公路的计划。1954年5月11日慕生忠任指挥长,任启明任副指挥长,邓郁清任总工程师。青藏公路就此便正式全面地动工了。

1998年12月,范明和青藏公路原总工程师邓郁清(左)见面,在一起深切回忆当年修筑青藏公路时的艰苦岁月

将青藏公路作为国防战略公路来修筑

周总理批准了报告,最后又找范明和张国华定下来修筑青藏公路。但这时并没有确定谁来修,只是让范明去找中央交通部谈。交通部的一位副部长答复,修青藏路国家没有计划、没有钱。确定修哪一条路,要先测量,要组成一个测量工程处,需要用一年到两年的时间才能测完,然后用三年时间做计划,按照修康藏公路来做预算就得花两亿多。交通部提出了这些问题,就和范明顶了起来。修筑青藏公路的事没落到实处。

此时范明给彭德怀写了一封信。彭德怀接到范明的信给范明打电话,要王参谋接范明去他家里。在电话里,范明说是慕生忠探明了情况,要求与慕生忠同去。在范明的引见下,范明带慕生忠见了彭德怀。

范明给彭德怀写的信和给总理的报告内容差不多。范明向彭德怀汇报的时候,把总理比喻的手背、手掌的整个内容也给彭德怀做了汇报。范明说,报告总理已批了,但交通部提出了很多困难,现在不能修。等下去,就再也不知何年何月才能修成。为了不贻误军机,范明提议,这条路由军事工程处来修,当作战略公路来修。

彭德怀听完后，很高兴地跟范明开了个玩笑。他说，你这个一野的秀才，这才是如鱼得水，发挥了作用。接着，彭德怀拿着铅笔站在地图前说，确定把格尔木作为修筑青藏公路的基地。一定要把格尔木开辟成为青藏高原的粮仓，作为支援西藏的后备力量，不能老是依靠内地。在格尔木种青稞，作为支援西藏的基地。这一条公路一定由格尔木修通。彭德怀在地图上画了一条线。他说，你们修这条公路的目光，不能只放在青藏公路上，要看到这条公路是国防战略公路，修这条路要放眼在英帝国主义和印度侵略我们的西藏方面。英帝国主义是绝不会甘心的。

彭德怀是国防部长，他是从军事战略上考虑问题的。此次谈话后，彭德怀就把四军的十一师配备到了格尔木，作为西藏的第二线。范明提议，100万斤面粉运到西藏得三年，花的钱加骆驼和消耗就得300多万元。把西藏运输总队作为修路运输总队，一面运输，一面筑路，完成运输之日，就是完成筑路之时。彭德怀赞成范明的意见，表扬了范明。

当时，定的是先修从西宁到格尔木这段公路。范明说这一段路很多地方很平，汽车可以开过去，用十轮卡车压路线，十轮卡车压到的地方就是筑路的路线，采用十轮卡车测量，测量和定线一次完成，这就打破了先测量、做出计划，然后施工那种筑路的办法。彭德怀同意了，问要多少十轮卡车。慕生忠说10辆十轮卡车，范明说10辆不行，要一个团。彭德怀答应先给10辆十轮卡车以探路，并给了一辆吉普车。慕生忠又提出要一个工兵团，彭德怀当时就打电话给黄克诚总参谋长，让拨工兵团。慕生忠还提出要十字镐等修路工具，彭德怀答应由西北军区后勤部解决十字镐等筑路工具，西北军区还派了一个工兵营。关于经费问题，彭德怀说，筑路的部队用军费，不是军队的，用西藏运输总队的经费，就是运面粉的款，把一部分拉骆驼的变成了筑路的民工。运输总队另一部分人继续运粮，把粮食在沿途摆摊摊，运节节，没有专门给拨经费。

这一天彭德怀很高兴，对范明和慕生忠说，我是从来不请客的，今天请你们两个酒鬼喝酒。他打开了江苏那种埋了50多年的老陈酒。临走时，范明还灌了三瓶带走。行前，彭德怀说，你两个来承担这个光荣任务，范明是秀才，慕生忠是武将，一文一武把青藏公路修好，慕生忠去战斗，范明去指挥。你俩是西北去的同志，你们要完成好这个任务！青藏公路修通之后，1959年平息西藏叛乱，1962年对印度的自卫反击战，这条通畅的公路都起了重要的作用。

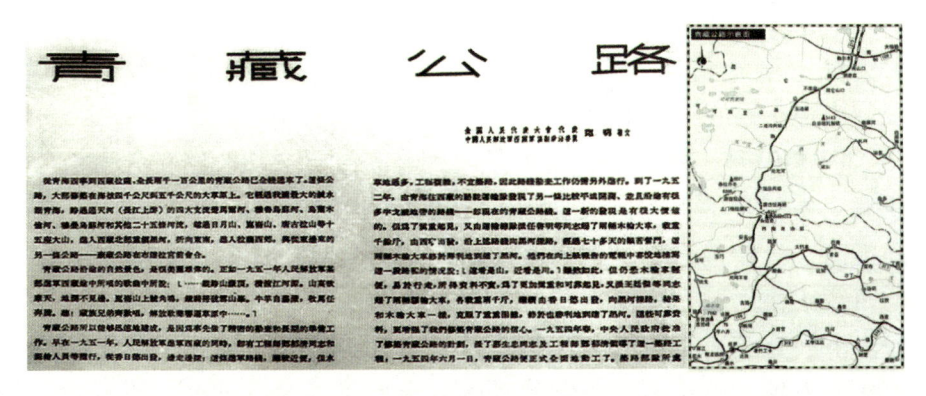

1954年12月，为庆祝康藏公路和青藏公路同时通车拉萨，范明写了《青藏公路》一文，刊登在1955年第1期《解放军文艺》上

1954年12月25日，西藏人民在拉萨布达拉宫广场，欢庆青藏、康藏公路正式通车

筹办陕西咸阳西藏民族学院

从1950年解放西藏时期开始，范明就对培养藏族民族干部十分重视，还未到拉萨前，在兰州、西宁、甘南就吸收培养了数百名藏族青年干部，为进军西藏和进军后开展西藏工作做了准备工作。1956年6月，中央命他主持西藏工委工作期间，中共西藏工委做出了大力吸收培养藏族干部的决定，召开了全区培养藏族干部工作会议，决定在藏族干部中大力发展党团员。

1957年2月，根据毛主席关于"六年不改，适当收缩"的指示，西藏工委召开了工委扩大会议，提出了"六年不改，适当收缩，巩固提高，稳步前进"的方针。3月5日，在北京中央书记处会议上讨论西藏工作问题，提出西藏工作实行大收缩、大下马的方针。范明提出不同意见，会后给毛主席写信，拥护中央六年不改、收缩西藏工作的方针，但认为大收缩的具体方案下得过多、过大，认为"刹车"太急太猛。建议在"六年不改"的同时，进行一些必要的改革准备工作。

5月14日，中央召开了由刘少奇主持的中央政治局会议。会议采纳了范明的意见，命他代中央起草了一个对西藏工作的批复。经中央政治局讨论通过，决定由范明携带中央政治局通过的文件回西藏传达。中央对西藏工作的批复中提出了今后西藏工作"五可为和四不可为"的指示。决定将1956年西藏新吸收的藏族青年送回甘肃、陕西等地，开办"延安式的西藏公学"进行培养，由张国华同志担任西藏公学校长，白云峰任西藏公学筹建委员会的主任。

白云峰从陕西省委张德生书记那里了解到，咸阳的西北工业大学（前身是西北工学院）已迁到西安，原校址已空了出来，于是给西藏工委发报，让西藏工委请示中央，批准把西北工业大学咸阳校址拨给西藏。之后，就在咸阳办起了西藏公学和西藏团校，培养了藏族干部3000名。范明、白云峰原在西北局、西北军区工作，与甘、陕、青各省领导熟悉，为解决这3000多人的生活和校址等方面出了不少力。与此同时，还送藏族干部到中央民族学院、西南民族学院、西北民族学院、政法干校、中央团校等地学习。

1959年3月，十四世达赖集团发动武装叛乱，中央决定在西藏进行平叛改革。4月，西藏公学毕业的3000多名藏族青年干部和派回的数百名藏族干部进藏，正好用在刀刃上，对西藏的平叛改革，发挥了积极作用。

在范明、白云峰的努力下，中央批准将在陕西省咸阳市的原西北工学院的校址转交给西藏公学作为校址（现在的西藏民族学院）

1958年西藏公学开学典礼的盛况

范明与西藏友人在一起

范明与友人对弈

1957年1月，范明（前排右三）与由苏联专家阿列克赛耶夫少将率领的勘察航察大队人员合影

第十章　从巅峰跌入人生低谷

西藏的主要矛盾是什么？党内的争论

达赖集团坚持反动立场，一直进行着分裂祖国的"西藏独立"勾当，从未间断。他们歪曲和伪造历史，指出"我们国家（指西藏）一直保持独立"。

1957年，中共中央决定在西藏实行"六年不改"的方针后，达赖集团支持和纵容的叛乱分子的分裂叛国活动不仅未见收敛，反而更加严重。

1957年11月，西藏动乱形势十分严峻。西藏工委奉中共中央之命，召开了工委扩大会议，讨论西藏当前主要矛盾是什么的问题，讨论当时西藏的政治形势是否明朗。在扩大会议上，在若干重大原则问题上，发生了分歧和激烈的争论。范明认为当前的主要矛盾是统一与分裂的矛盾。

关于西藏当前的主要矛盾是什么，这一争论一直延续了几十年。直到1985年，中央才正式下达文件，明确了西藏的主要矛盾是统一与分裂的矛盾。1994年7月，在第三次西藏工作座谈会上再次明确：我们与达赖集团的分歧，不是信教与不信教、自治与不自治的问题，而是维护祖国统一和反对分裂的问题。

尤其重要和明确的是：2015年8月，在中央第六次西藏工作座谈会上，习近平总书记发表了重要讲话。

他强调：要坚持党的治藏方略，坚定不移开展反分裂斗争。西藏工作的着眼点和着力点必须放到维护祖国统一、加强民族团结上来，把实现社会局势的持续稳定、长期稳定、全面稳定作为硬任务，各方面工作统筹谋划、综合发力，牢牢掌握反分裂斗争主动权。

西藏整风运动范明被打成极右分子

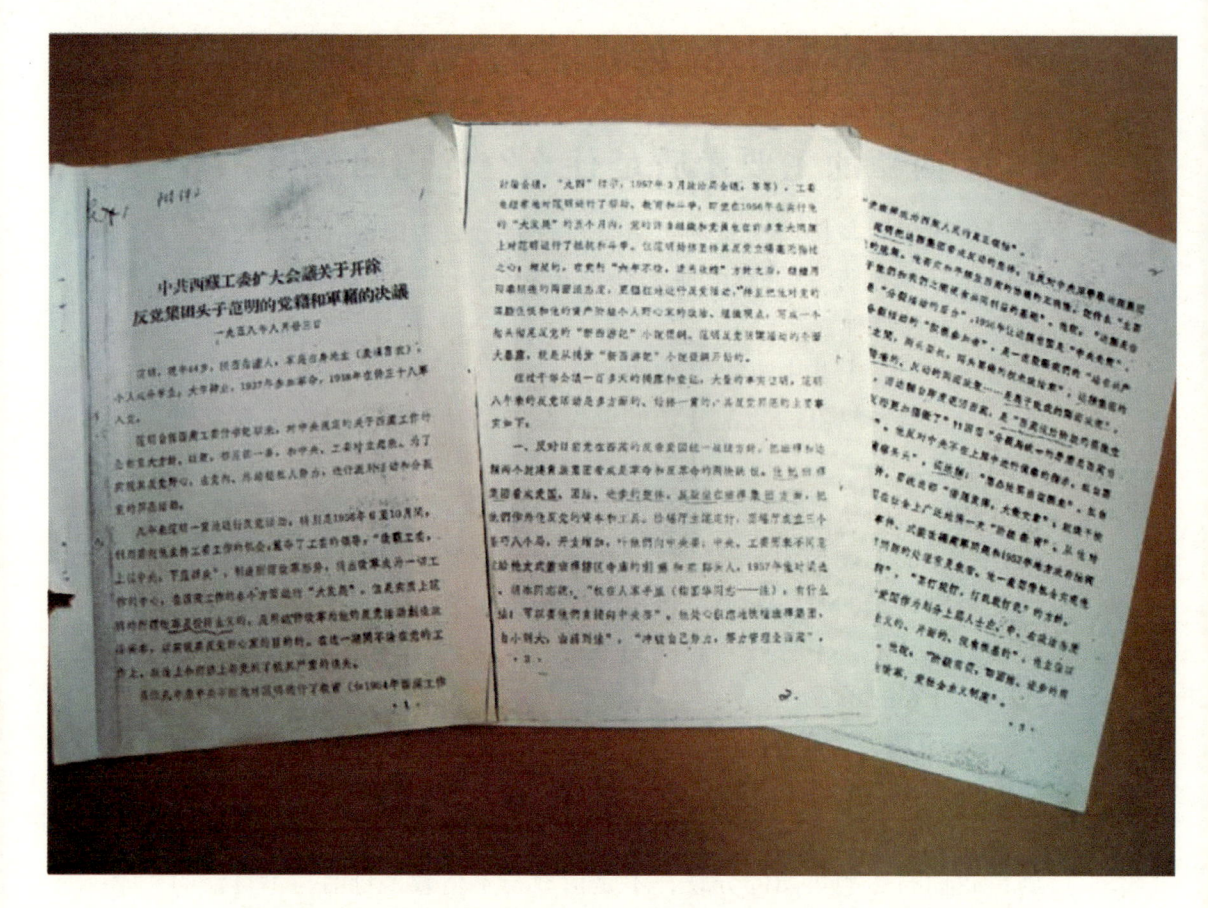

1958年8月，西藏全区干部整风会议形成的决议：《中共西藏工委会关于开除反党集团头子范明的党籍和军籍的决议》。15条罪状中的头条罪状是："他把班禅集团看成爱国、团结、进步的整体"，"他说达赖是右派"是"分裂活动的后台"

1957年11月，西藏工委决定1958年在西藏机关内部进行整风，12月17日发出了《关于党内进行整风和在社会上进行社会主义教育的指示》。

1958年1月14日，范明主持拉萨机关干部大会，中共西藏工委第一书记张经武做整风动员报告。1月27日，向拉萨全体干部做大鸣大放阶段的动员报告。

1958年4月4日，中共西藏工委决定召开全区县（团）级以上干部会议。经过组织、发动、策划，会议的第一天，斗争的矛头就直接指向范明。

8月23日，在中共西藏工委召开的全区县（团）级以上干部大会上，对范明进行了100多天的斗争，强加给范明15条所谓罪行，做出了范明是有目的、有纲领、有组织的反党集团头子，一个彻头彻尾反党、分裂党的极右分子的结论。

这次整风会议最后形成了一份长达两万多字的《中共西藏工委关于开除反党集团头子范明的党籍和军籍的决议》。决定"开除范明的党籍和军籍；建议撤销其全国人民代表大会代表、西藏自治区筹备委员会常务委员会委员等一切职务；收回国家和人民所给予他的勋章、奖状等一切荣誉"。

在所罗列的15条罪状中，头条罪状是"他把班禅集团看成爱国、团结、进步的整体"，"他说达赖是右派"，是"分裂活动的后台"。说范明打击陷害达赖和达赖集团，屁股坐在班禅额尔德尼和班禅集团一边。

1958年11月10日，中共西藏工委在处理了范明等人后，向中央上报了一份《中共西藏工委干部会议的基本总结》，概括叙述了"范明反党集团"的所谓主要反党活动。

总结中讲：对西藏当前主要矛盾的看法上，范明认为不是阶级矛盾，也不是民族矛盾，而是统一与分裂的矛盾，影射着达赖集团是完全进行分裂活动的亲帝集团，班禅集团则完全是拥护祖国统一的爱国集团，这两个集团就是分裂与统一这一主要矛盾的两个方面。

在对范明、白云峰、梁枫等四人处理之后，紧接着，在全西藏以整骨干、抓亲信、找爪牙为名，整风还在持续，为此株连到相当数量的干部。

1958年8月，范明等数十人被打成了"反党集团"。白云峰、梁枫也被定为右派，开除党籍，撤销党内外一切职务。范明由行政7级降到18级，白云峰由行政10级降到17级，梁枫由行政12级降到17级。1958年9月15日，这三名"反党集团"主要成员，由一个排的兵力武装押解，用专机送回陕西劳动改造。

2005年西藏党史对"范明反党集团"最终的记录结论

　　1976年10月6日,以华国锋、叶剑英为核心的中共中央政治局,执行党和人民的意志,采取断然措施粉碎了"四人帮",消除了党内一大祸害,使我国避免了一次大分裂、大倒退,挽救了革命,挽救了党。至此结束了"文化大革命"的十年内乱。

　　1979年,胡耀邦以非凡的胆略和勇气,组织和领导了平反冤假错案、落实干部政策的大量工作,使大批受到迫害的老干部重新走上领导岗位,使大批蒙受冤屈被迫害的干部、知识分子和人民群众得到平反昭雪。1980年5月10日,中央组织部正式发出关于范明复查结论的通知。范明、白云峰等"范明反党集团"内的人都被平反了。

　　在2005年7月中共西藏自治区委员会党史研究室编辑的《中国共产党西藏历史大事记》第一卷116页至117页中对这一事件是这样记载的:

　　这是1958年1月11日范明在西藏拉萨脱稿的《新西游记(神秘的高原)提纲》的复印件

1958年4月4日，西藏工委在党内进行整风运动。西藏工委召开干部会议开始党内整风，与会人员在对工委领导提意见中逐渐集中到范明身上。揭发他犯有违背中央关于在统一战线工作，对待达赖、班禅两集团的方针，对改编藏军、对待藏币等重大问题上与中央的方针政策相悖；揭发他在1956年6月至10月主持西藏工委工作期间搞"大发展"，抵制、拖延贯彻执行中共中央"九四指示"等错误。随后，又揭发出范明自1957年12月到1958年初撰写小说《新西游记提纲》，严重损害了党的团结。

在当时的政治环境中，经西藏工委报中央批准，将范明同志错误定为反党集团头子、"极右分子"，错误地开除了党籍、军籍，撤销党内外一切职务。西藏工委的这场整风，还把白云峰、梁枫、曾实及陈竞波、夏仲远等一些同志错误地划为"范明反党集团"成员，错误地开除了党籍或给予党内和行政处分。

西藏工委在中共十一届三中全会之后，对这一案件进行了复查，按照中共中央部署，对受处分的同志全部平反，安排工作。

2005年7月中共西藏自治区委员会党史研究室编辑出版的《中国共产党西藏历史大事记》第一卷的封皮照片

1958年

1·14 张经武在拉萨作整风动员报告 中央人民政府驻藏代表、西藏工委书记张经武代表西藏工委向全区共产党员、共青团员和部分非党、团干部作整风动员报告,要求按照党的八届三中全会的部署,把整风运动推向深入。

1·23 《中华人民共和国和尼泊尔王国保持友好关系以及关于中国西藏地方和尼泊尔之间的通商和交通的协定》开始生效

3·9 中央电复工委关于西藏免除参加工作人员的人役税问题 中央同意自治区筹委会免除西藏各族人民参加国家机关工作人员、学员的人役税的决议。认为这一决议"对于保护藏族干部使他们免遭封建贵族这方面的打击,对今后培养藏族干部的工作都是有好处的,并且也在群众中扩大了我们的政治影响"。中央又指出:"现在在西藏不进行民主改革,对于免除人役税这一类的斗争可以适时而止,待可能和必要时再进行"。

4·4 西藏工委在党内进行整风运动 西藏工委召开干部会议开始党内整风,与会人员在对工委领导提意见中逐渐集中到范明身上。揭发他犯有违背中央关于在统一战线工作,对待达赖、班禅两集团的方针,对改编藏军、对待藏币等重大问题上与中央的方针政策相悖;揭发他在1956年

6月至10月主持西藏工委工作期间搞"大发展",抵制、拖延贯彻执行中共中央"九四指示"等错误。随后,又揭发出范明自1957年12月到1958年初撰写小说《新西游记提纲》,严重损害了党的团结,在当时的政治环境中,经西藏工委报中央批准,将范明同志错误定为反党集团头子、"极右分子",错误地开除了党籍、军籍,撤销党内外一切职务。西藏工委的这次整风,还把白云峰、梁枫、曾实及陈竞波、夏仲远等一些同志错误地划为范明"反党集团成员",错误地开除了党籍或给予党内和行政处分。

西藏工委在中共十一届三中全会之后,对这一案件进行了复查,按照中共中央部署,对受处分的同志全部平反,安排工作。

《中国共产党西藏历史大事记》第一卷116页至117页中对这一事件最终的记录结论的照片

第十一章 申诉甄别中的风云突变

陕西申诉，北京中央甄别

1962年1月11日至2月7日，中央举行扩大工作会议(七千人大会)，刘少奇代表中央做书面报告和讲话，讲话指出：当前经济困难的原因，除了由于自然灾害造成农业歉收外，还有一条，就是从1958年以来，我们工作中的缺点和错误。会议开始了大搞人民公社、大跃进、总路线三面红旗中的错误的纠偏工作，同时对右派进行甄别。在政治大气候下，范明的冤案有机会申诉了。

1962年4月，中央下达了甄别的指示。西北局根据中央的指示，派白治民书记和范明谈话，告知范明有关中央扩大会议的精神和决定，并答应把范明的意见转告中央，要范明给中央写一个简单的申请书(即申请甄别)，由西北局转送中央。

1962年5月19日，范明给西北局第一书记刘澜涛写信，请求予以接见。5月22日刘澜涛约见了范明，并由西北局给范明开了去北京进行甄别的介绍信。

1962年6月，范明去北京甄别时的照片

范明和夫人梁枫拿着西北局的介绍信，于5月31日来到首都北京。当路过天安门时，范明仰望雄伟的天安门和毛主席画像，不由得想起了伟大领袖毛主席,想起过去多次谒见和聆听毛主席亲切教诲的情景,不觉热泪盈眶,抑制不住内心的激动,吟诗一首:"脱去囚衣换新装,天安门上朝太阳。中南海内悬明镜,雨过天晴放豪光。"

1962年6月4日,中央统战部副部长平杰三接见范明,告诉说,中央决定由中央监委、中央组织部、中央统战部和西藏工委共同组成甄别委员会对范明一案进行甄别,并成立了领导班子,在中央监委设办公室。甄别开始,气氛很好,范明、白云峰、梁枫被按高干对待,搬到翠明庄居住,伙食标准按照高干执行。

7月30日,甄别组将西藏工委的结论发给范明,让范明据此写一份申诉。范明日夜奋战,用了两个星期的时间,对歪曲的事实,用数据、时间、地点、理论一一予以批驳。范明一下子就写了几万字的《万言申诉书》,于1962年7月30日交给中央监委。《万言申诉书》不仅是对党的民族工作的总结,而且也是一份很重要的历史文献。

《万言申诉书》首页照片

风云突变,受习仲勋案株连,逮捕入狱

不料,政治气候突变。1962年8月,中央在北戴河召开中央工作会议,会上大谈"阶级"和"阶级斗争",并提出"反对黑暗风、单干风、翻案风"。1962年9月又在北京召开中共八届十中全会。会上要求阶级斗争要日日讲,月月讲,年年讲;自命为"理论权威"的康生,利用一些捕风捉影的材料公然诬陷习仲勋授意炮制反党的小说《刘志丹》,是企图为高岗翻案,习仲勋是"翻案风"中的又一个"挂帅人物";有人造谣讲,习仲勋叫范明把100多个历史反革命和旧人员、旧军官叫带到西藏,如今又把范明叫到北京闹翻案。

会议决定将彭德怀、习仲勋、邓子恢三人的案情定为当前阶级斗争的三个重大事件,还成立了习仲勋专案审查委员会,康生任主任。为了查找习仲勋的罪状,1962年9月19日凌晨1时,公安部严佑民和西藏张向明将范明、白云峰以"习仲勋叫范明等到北京闹翻案"的"罪名",逮捕入狱,关押在北京市监狱。

10月7日,范明被转押到公安部北郊监狱(秦城监狱)关押。由公安部严佑民、陈士珍、蒋家森负责范明案件。经过调查,对"习仲勋叫范明到北京闹翻案"予以否定和澄清,对西藏的问题认为属于思想认识问题,不是敌我问题,加之范明有严重的冠心病,因此报请中央对范明的环境进行了改善。

从1963年1月17日至1966年8月12日,公安部先将范明从秦城监狱转到北京西郊公主坟纸坊巷,后来又转到灵镜胡同的一个院子,由公安部监护、软禁、管押起来。因为范明有病,还批准把夫人梁枫叫来照顾范明。四年的软禁管押期间,所谓的罪名早已被公安部否定和澄清,但康生、谢富治之流就是不释放范明。

秦城羁押与农场劳改

秦城监狱囚禁的岁月

1966年"文化大革命"的风暴来了，8月13日，公安部又强行将范明押进秦城监狱实行关押。

秦城监狱

> 枫：
>
> 　　8日晚接到春政儿7月25日由武昌科学研究所寄来的一封信，得知他在这次文化革命运动中，由于给所领导贴了大字报，……以及我的影响等，被他们打成"死心塌地的反革命分子"，使我心里起初十分痛苦，但当我看到毛主席的像时，我的思想便即刻平静起来。我相信一直由党从小培养成长起来的一个青年科学技术员，尽管可能做过错事，说过错话，但绝不会忽然一下子就变成死心塌地的反革命分子。这绝不是他一个人的问题，而是关系到很多类似青年知识分子科学技术人员的事。根据既往几十年来的切身经验证明，我们英明的伟大的领袖毛主席一定会及时地伸出扭转乾坤的巨手拯救他们的。

1966年8月9日，范明在软禁关押地写给夫人梁枫的信

1966年11月，公安部副部长杨琦来到秦城监狱，对范明说："你的问题，中央公安部早已弄清楚了，不是敌我矛盾，这次其所以又送到监狱里来，不是因为有什么新的问题，而是因为外面很混乱，不安全。现在出去工作也不好安排。你要配合组织，好好学习，安心等待。"

1967年5月2日，经过多次请求并得到允许，从当日至7月31日，先后写了三批揭批材料，涉及西藏的方针路线，是对西藏工委错误处理的申辩和申诉。

> 明：
>
> 　　盼了将近3个月，才接到你8月15日的来信，知道你在7月6日还给我写过一封信，但至今还未收到。根据日前通信不易收到的情况，我们以后还是要多写信，即就是中间有信收不到，也不会两三个月只看见一封信，为此而使人焦急和担心。我看只有采取这种办法来解决这个问题。
>
> 　　我们已有一年多没见面了，不知你的身体情况怎样，我也很担心你要很好地保重你，控制你的恶疾少发作，安排好学习和锻炼身体的时间，只要你能活学活用毛主席著作，用毛泽东思想不断武装自己的头脑，就会战胜一切艰险和困难。关于家里的生活问题，你绝对不要多操心，以免给你增添不必要的负担。春政已结婚生子，端阳也于上月生了一女，虽然他们现在都有负担，但还能尽量节约过生活。按你的意见继续负担弟妹的生活开支，你可不必多操心。
>
> 　　大人孩子们均好勿念，母亲身体也好。
>
> 　　　　　　　　　　　　　　　　　枫
> 　　　　　　　　　　　　　　　　　9.8

1967年9月8日，梁枫给羁押在秦城监狱里的范明的信

　　1968年4月1日，人民解放军进行"三支两军"，部队进入监狱，于当日向解放军写信，希望能以毛泽东思想为指导，对自己的问题直接进行调查、研究和分析，从而得出正确的结论。5月15日，解放军正式通知范明：从今天起，解放军受中央委托，对范明的问题开始正式审查，并要范明老实地、坦白地写一份总交代。6月1日，范明奉命将已写成的《我的总交代》交给了解放军，这份约4万字的《我的总交代》把西藏发生的问题一一做了实事求是的说明，并对自己所犯错误进行深刻的剖析。

范明在秦城监狱按要求写出的自传首页

1969年4月17日，送上《关于我1930年至1937年阶段的历史材料》。7月27日，送上《关于到盐税警系统学习、任职、脱离的经过》。7月29日，送上《关于到安吴青训班和回延安阶段的经过》。其间，还在严刑逼供之下写了个别假材料。

1970年由康生、谢富治组成的中央专案组直接审查范明的案子，受到更加残酷的迫害。强迫范明承认"罪恶"和"认罪悔改"。被逼于9月5日上交了一份《我的真正罪恶与真正的认罪悔改》。这份材料是被逼写的，但也对西藏和监狱对自己问题做的错误处理和一次次受到的迫害做了无情的揭露。

1971年"文化大革命"期间，中央专案组逼范明承认是"彭、高、习反党集团的黑干将"，逼范明承认是"彭德怀、李维汉指挥他向中央进攻"，甚至还要下毒手毒死范明。不准他与家属通信，收走他所带的中医药书籍，收走他关于毛泽东思想在农业科学、中医学上的具体运用的原始资料，及历次给中央有关方面的报告以及其他有关材料，甚至连马列著作和毛泽东著作也都被收去。

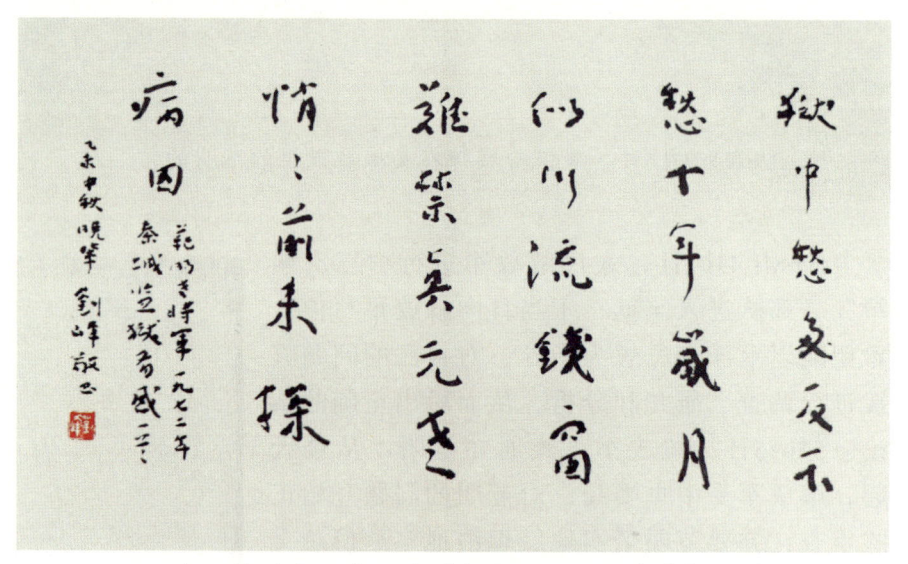

1972年，范明在狱中所作《秦城监狱十年有感》一诗：
　　狱中愁多反不愁，十年岁月似川流。
　　铁窗难禁真元老，悄悄前来探病囚。

1972年12月18日，毛主席发出废除"法西斯审讯办法"的指示，接着周恩来指示公安部当着"犯人"的面，公开宣布废除法西斯式的审查方式和虐待、殴打行为，"如有犯者，当依法惩治"，并容许"犯人"控诉，范明的处境才略有好转。

1973年1月25日，范明向毛泽东、周恩来呈报《揭露一个用法西斯审讯办法所制造的假材料和假案件的情况报告》，揭露如何把自己当面给彭德怀提批评意见变成反彭德怀，以后又变成是"彭德怀分子"，最后变成"彭德怀的黑干将"的经过，说明这是一起典型的法西斯审讯制造假材料的案件。

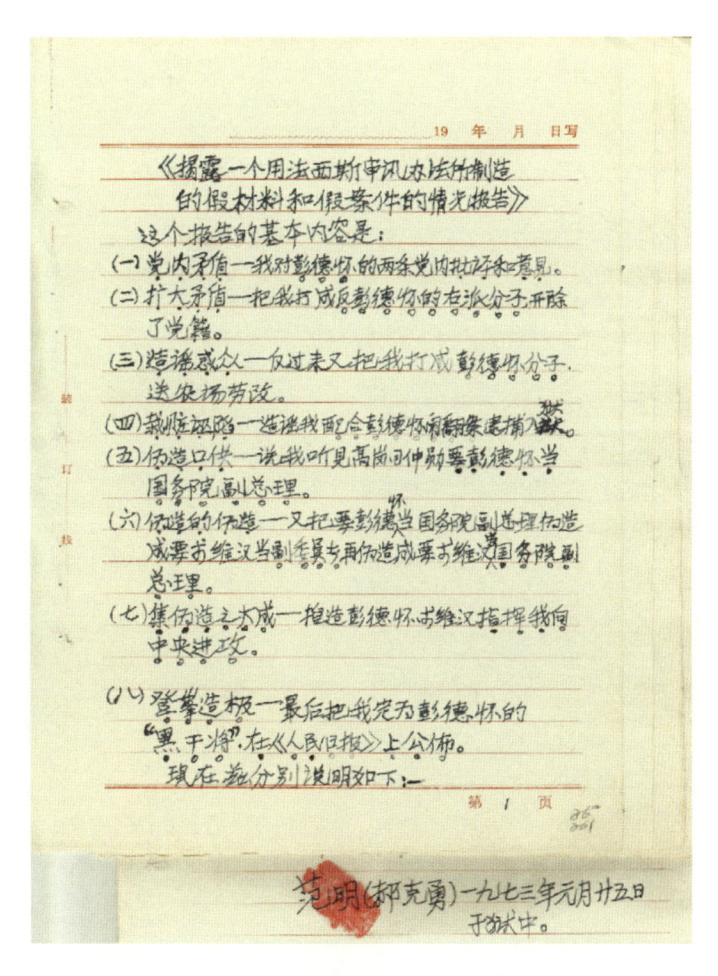

范明《揭露一个用法西斯审讯办法所制造的假材料和假案件的情况报告》手迹原件首页

1974年10月2日，梁枫给毛泽东和党中央写信，请求毛泽东和党中央"能批准我探视一下他的病"。此后梁枫多次写信请求，一直未予允准。范明入狱时就患有心脏病，1963年为照顾他，批准妻子梁枫陪监。1966年8月范明被押入秦城监狱，与家人失去联系，也不准家属探监。1972年梁枫和子女多次向中央专案组提出请求之后，只允许子女探望，仍不允许梁枫探监。

"文化大革命"时期，不少外调人员曾到秦城监狱讯问范明，施加压力，要求范明写假证明。范明顶住压力，实事求是地写出证明地下党员的材料，保护了不少革命同志。

这是1968年12月，范明亲笔写给调查人员关于第三十八军田荣生是地下共产党员的证明材料

"文化大革命"中监狱外的家人

城门失火,殃及池鱼。"文化大革命"期间,秦城监狱外的范明家人遭受迫害也不可避免。

1967年,习仲勋被造反派抓到西安批斗、游街示众。在这期间,咸阳造反派联合西安造反派到处抓范明的夫人梁枫,意在抓到咸阳民族学院陪斗习仲勋。梁枫得悉后,及时躲藏到农村老家。气急败坏的造反派们只好抓了范明的二哥郝伯雄(原名郝克杰,抗日战争时是习仲勋在关中专署的老部下),把他作为"批斗习仲勋大会"的陪斗人,押解到陕西省咸阳西藏民族学院。批斗大会上,批判习仲勋是范明反党集团的后台,范明是彭、高、习反党集团的黑干将,是该反党集团在西藏的代理人。

批斗大会开完三天后,郝伯雄从咸阳被放回。他告诉家人:习仲勋在咸阳西藏民族学院被押下批斗台时,趁看押人员不注意,偷偷地问了他一句话:"范明现在咋样?"郝伯雄说:"还押在监狱里。"习仲勋听后,表情凝重,点了一下头。

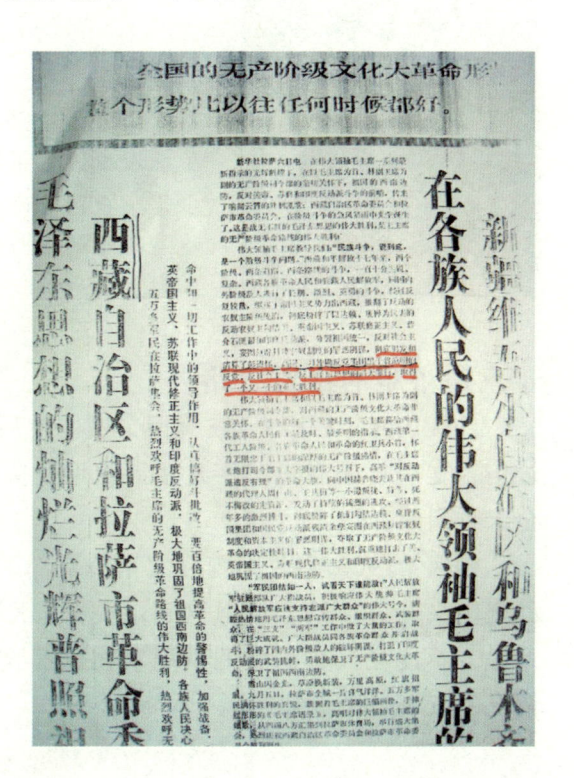

1968年9月7日,《人民日报》头版报道西藏自治区和拉萨市革命委员会成立的消息:"西藏彻底揭发和清算了彭德怀、高岗、习仲勋反党集团黑干将范明的反党、反社会主义、反毛泽东思想的滔天罪行,取得一个又一个重大胜利。"全国所有的报纸都发表了消息,公开点了范明的名

批斗会后，西安冶金建筑学院及西安市玻璃厂的造反派们抄了范明的家，抄走了范家大部分生活用品及范明在家中的全部书籍。

范明的夫人梁枫被开除公职，停发工资，从此断绝了范明一家的生活来源。范明的三个儿子，也无一幸免，个个挨整。大儿子郝春政被打成反革命，被送到原籍农村进行改造；二儿子郝东政被关进牛棚；三儿子郝延政从军队院校毕业，成为全班中唯一一个被隔离审查、打入另册、不分配工作的，被清除出部队，复员回西安。

1968年腊月，范明年迈的老母亲再也承受不了现实中接踵而来的深深打击，病逝于异地。昔日40余人和睦的大家庭，如今人人提心吊胆，如履薄冰。范家男人们被关押的、进牛棚的、送农村改造的，剩下的只有女人和小孩，居住在杂草丛生的小院内，入眼处尽是浩劫后的凄凉。

因造反派不断通缉范明的夫人梁枫，为了躲避迫害，梁枫从临潼老家又逃到大儿媳李锦华在江苏南通的老家避难。梁枫（右）抱着孙子郝森与李锦华（后）及李锦华母亲（左）合影

子女们艰难的探监之路

自从1966年8月13日被羁押秦城监狱后，范明1967年曾给家中来过信，之后再未有过只字片语。范明的夫人梁枫先后写信数十封，全未收到回音。

梁枫于1968年9月间曾到北京公安部询问范明的下落。公安部说已交中央办公厅管，梁枫又到中央办公厅去问，有位同志给梁枫联系说，不能见人，送去的日用衣物也不收，梁枫只好回来。范明的情况，家人一概不知。

> 中央办公厅领导：
>
> 　　我是范明的家属，以万分迫切的心情特向你们了解一下范明的情况。
>
> 　　范明原系西藏工委副书记，西藏军区副政委。1962年在公安部关押。1967年他家属再未见过他的只字片语，不知他的病体怎样！此间，我先后写信数十封，全然杳无音信。我于1969年9月间曾去公安部询问，他们说已交中央办公厅管，我又到中央办公厅去问，有位同志给我联系说，不能见人，送去的日用衣物也不收，我只好回来，故向你们写信请求能和他通信。如果范的情况组织部不允许通信，或者有什么其他情况，不能通知，谨请你们或者通过一定的组织关系告诉我本人，或通知家属，以免悬念不安。盼复信告知！
>
> 　　　　　　　　　　　　　　　　　　范明的家属　梁枫
> 　　　　　　　　　　　　　　　　　　　1972年3月11日

梁枫于1972年3月11日写给中央办公厅的信

　　1972年，梁枫和子女多次向中央专案组提出探监请求，中央专案组才有了答复：只允许子女探望，但不允许梁枫探监。于是范明的七个子女开始了艰辛的探监之路。

　　第一次探监是1972年10月14日。探监由中央专案组一办老唐安排，因时间紧，只安排了范明的二女儿郝晓延和小女儿郝西燕到秦城监狱探视。这次探望，使得长期和范明失去联系的亲人们知道范明尚活在人间。

　　1973年1月下旬，趁学校放寒假之际，范明的大女儿、中学教师郝雅兰专程到北京，向中央一办申请探监。为了见到10多年没见面的父亲，郝雅兰冒着大雪和寒风，每两天给中南海西门送一封申请信。苦等近一个月，郝雅兰才被安排去了秦城监狱探监。

　　1973年5月，范明的二儿子郝东政请假专程到北京，渴望能见到已分别了11年之久的父亲。在北京等到6月初，郝东政才等到了中央专案组的一句话：目前不能安排见面。二儿子郝东政白跑了一趟北京。

　　1973年12月、1974年4月、1974年11月，范明的三儿子郝延政连续三次前往北京，历经波折，终于在1974年12月中旬，范明的六名子女见到了父亲。

中央专案组一办唐、梁二位首长：

　　你们好，按首长讲的，我已在大王胡同等了一个星期，不知什么原因，没有见首长来，实在心急！

　　首长，我这次来北京已经20多天了，假期早已超过了。近日天气越来越冷，带来的衣服难以御寒，在北京吃住均有困难。首长住的地方，电话号码我不知道，也没法找。我的住处不定，首长想找我也很难。在北京要找一个等首长的地方都是困难的。其中包括文化部林青处，她本人有病并且也不愿意让我在她处等人。这就是我目前的困难处境。为了能有一个固定的地方等首长，我和我的一位同志张培逊讲好，在他家等候首长，约定每日下午3时至5时，因为平日张培逊两口上班，家中无人。恐怕像我这样每日等人，要引起街坊邻居不理解和误会，恳切希望首长能早日来一趟。

　　深切地盼望首长念我们来京一趟不易，假期已超，在京困难的境地，早日给予安排与答复。我仍每日下午3时至5时等候，地址大王胡同狮子工巷11号张培逊家。

　　谨致

　　敬礼

范明的儿子　郝延政
1974年12月7日

这是郝延政当时写给中央一办唐、梁两位首长的信

1974年12月，范明的六个子女探监后，在北京照相馆合影。每个人的心都在滴血，苦语难言

再押送回农场劳改

"文化大革命"以来，由中央专案组对范明进行审查，结果更糟。他们1975年写出的审查情况，连过去公安部的结论都否定了，结论是仍维持1958年的原结论。1975年5月24日，在长达13年监禁后，范明被释放了（此时正特赦释放全部在押战犯），中央专案组派员将范明送回陕西省大荔农场继续劳动改造。根据范明病情批准派一名护理员，并批准他行医的处方权。被安置到大荔农场第二连的苹果园住下。

1976年，从秦城监狱回到陕西大荔农场劳改时的范明

1976年，范明与梁枫在陕西大荔农场留影

1976年，在大荔农场。范明、梁枫与四子郝西政（后排左一）、小女儿郝西燕（后排左二）合影

1976年，范明在陕西大荔农场与刘玉堂合影

1976年10月，"四人帮"被打倒，政治气候回暖了。1977年1月15日，范明以回西安治病为名，向陕西省农业厅请了病假，终于结束了9年劳改和13年监禁的"红色囚徒"生活。

1977年1月15日，范明借了亲友的一辆破旧不堪的吉普车，经过三个多小时的颠簸，回到了阔别15年、位于西安东关景龙池66号的家中。车停稳后，范明怀着复杂的心情，迈着沉重的步伐走下了车，突然被一群等候多时、活蹦乱跳、满脸稚气的孩子们包围。孩子们抱腿的抱腿，拉衣襟的拉衣襟，口中"爷爷！爷爷！"喊个不停，连拉带扯地将他拥入院内。范明悲喜交加，感慨万分，潸然泪下，信手写成《归里》诗二首。

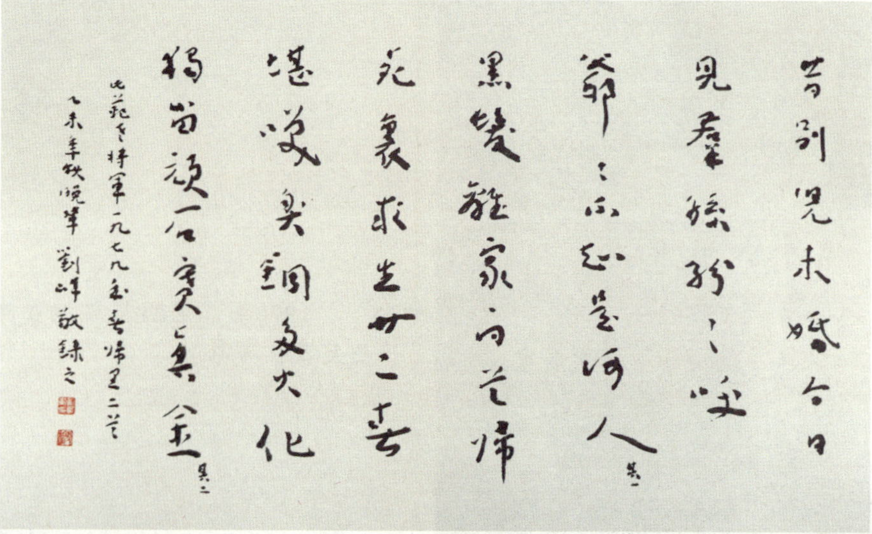

1977年初，回到西安时的范明

1977年初，范明夫妇在景龙池家中与二嫂刘清秀（中）合影

1979年春,范明与梁枫在西安兴庆宫公园与孙辈们合影

1979年冬,范明夫妇在景龙池家后院草房前与孙辈们的合影

1980年春节,范明、梁枫与家人在临潼华清池合影

第十二章　冤案的曲折平反

二次进京申诉

　　1977年12月10日，中央任命胡耀邦为中央组织部部长。胡耀邦遵照党中央"实事求是、有错必纠"的原则，率领组织部全体同志，经过大量切实的调查研究，打开了平反冤假错案、落实党的政策的新局面。

　　范明在给胡耀邦部长并华国锋主席写信的同时，为了说明事实真相，还写了一份申诉材料。范明还请才平反不久、时任中共陕西省委书记兼西安市委第一书记的陈元方给胡耀邦写了一封信。

　　1978年春节前，范明的三儿子郝延政去北京，将范明的申诉材料，一并送到了胡耀邦部长家中。

　　这天晚上8时左右，操劳了一天的胡耀邦刚回到位于东单的家，郝延政就将信交给了胡耀邦的秘书，秘书即刻转呈给了胡耀邦。没等10分钟，秘书就将胡耀邦批示的信件给了郝延政。批示是给中央组织部副部长陈野萍的。批示六个字：野萍同志接谈。如此迅速而明确的批示，对蒙冤长达22年的范明来讲，真是拨开黑云见太阳。

　　1978年3月，范明借机去了北京，再一次正式向中央提出申诉。但第二次进京申诉受挫，返回了西安。

胡耀邦部长并转呈华国锋主席：

　　我于1958年被西藏定位极右分子，开除了党籍，撤销了党内军内外一切职务，由七级降为十八级，送回陕西大荔农场劳动改造。

　　1962年6月，中央接受我的申请，在北京组成甄别委员会，对我的问题进行甄别。但当问题基本澄清后之际，忽于同年9月19日，以习仲勋把我叫到北京闹翻案的罪名，将我关押审查，长达13年之久。

　　1975年5月，才给我做了结论。其中虽然肯定了我无政治历史问题，取消了习仲勋叫我到北京闹翻案的不实之词，但却依然维持西藏原案，仍然给我戴着反党极右分子的帽子，仍然送回陕西大荔农场劳动改造。生活费每月80元。现经组织批准在西安治病。

　　20年来，我在长期劳动改造和监狱生活中，一直本着坚持真理，修正错误，有则改之无则加勉，继续革命，革命到底的精神。一方面努力刻苦学习马列主义毛泽东思想，提高认识，改造思想；一方面与严重疾病作斗争，努力钻研中医中药科学，取得了一些成就。

　　值此贯彻十一大路线，落实干部政策，处理积案，调动一切积极因素之际，恳请中央对我的问题能早日进行复查处理，并希望能给我在研究中医、中药科学方面提供必要的条件，以便为党为人民继续做出贡献。

　　此致

　　革命敬礼！

范明

1978年元月25日

范明于1978年元月25日写给胡耀邦部长并华国锋主席的信

三次进京申诉

1978年4月5日，党中央批准了中央统战部、公安部《关于全部摘掉右派分子帽子的请示报告》（简称〔1978〕11号文件）。

中共大荔农场委员会于1978年7月16日做出《关于摘掉范明右派分子帽子的决定》。范明戴了20年"右派分子"的帽子终于被摘掉了。

接着，范明根据中央（简称〔1978〕11号文件）第二项"右派分子摘帽子以后的若干问题"的第八条："遵照中央1962年的规定，对于右派分子一般不搞甄别平反，只是对其中个别确实完全搞错了，才作为个别人的问题，实事求是地予以改正"的精神，于1978年10月7日，向中央正式呈送了《请求改正错划我为右派的申诉书》。这是范明的第三次申诉。

1978年底，党中央召开了具有重大历史意义的十一届三中全会。会上许多同志尖锐地批评了中央专案办主要负责人的错误做法，全会决定撤销中央专案机构，将所有档案全部交中组部。1978年12月19日，中央专案组和中组部的同志办理了交接工作。"文化大革命"的中央专案组终于"寿终正寝"了。范明第三次申诉受挫的障碍根除了。

1979年1月9日，白云峰带着范明写给中组部部长宋任穷的信离开西安去北京，进行了多方面的联系。1979年3月，中央开始复查范明案件。1979年4月，中央组织部成立了五人组成的复查小组，小组办公地址设在中央组织部大楼541室。

1979年11月15日，中央复查小组派了中组部王建梅、中纪委贺志仁来西安，在范明家让他看了复查的第一个结论，即撤销西藏工委1958年所做的原结论，这意味着基本是完全平反。范明看后除了提出些意见外，在结论上签了"原则上基本同意复查结论意见，表示感谢！"与此同时，白云峰、梁枫分别在对自己的结论上签了字。来者向范明承诺，顶多不迟于12月上旬前下达正式文件，彻底平反。然而，中央组织部很快将给白云峰、梁枫的平反结论下达了，范明的复查结论却迟迟没有下达。

宋任穷同志：

  兹呈上我的《请求改正错划我为右派的申诉书》一份，其中关于我的问题的发生、处理、甄别以及入狱13年，劳改7年的基本情况和事实作了简要的实事求是的申诉，在此不再重复。

  这个申诉书是我自去年10月17日以来，曾先后呈送给西藏工委及任荣书记、陕西省委、中央统战部、中央组织部及胡耀邦部长，但至今仍未得到任何答复，使我十分焦急。

  最近阅读《人民日报》元月2日关于中央一些部门已改正一批错划右派的报道以后，使我更加心情激动，忧喜交加。喜的是，以华主席为首的党中央关于做好不应划右派而被错划了的人的改正工作的英明决定在中央直属机关得到贯彻落实，为全党全国树立做好这一工作的好榜样；忧的是像我们这样错上加错，冤上加冤的长达20年之久的冤案错案，在目前这样的大好形势下，至今仍无消息，尚无人过问，因此我更加焦急万分！

  最近得知到您到中组部主持工作，所以又将原申诉书呈上，请您在百忙中过目。希望对我的问题早日给予改正落实，并恳切地希望能得到您的复示！
  此致
  革命敬礼！

范明
1979年1月9日

　　1979年1月9日，范明向新任中央组织部部长宋任穷呈上《请求改正错划我为右派的申诉书》，并给宋任穷写了信

关于范明同志右派反党集团问题的复查报告（草稿）

整风反右运动中，西藏工委报经中央批准，把原工委副书记范明同志定为反党集团头子，极右分子，开除党籍、军籍，撤销党内外一切职务，由行政七级将为十八级，调回内地安置；把原工委组织部副部长白云峰等同志定为反党集团成员，并牵连处分了一批同志。处理后，范明等人一直不服，不断申诉。遵照中央〔1978〕55号文件精神，今年3月，我部请中央统战部、西藏自治区党委派人组成复查小组，对他们的主要问题进行了复查。现将范明同志问题的复查情况报告如下：

（一）原定范明反对党在西藏的反帝爱国统一战线等重大方针政策。

范对达赖、班禅两个集团的看法片面，说过一些错话。对班禅集团的人从好的方面看得多，估计的高，有偏向之处。但不是反对党的反帝爱国统一战线方针。1956年西藏曾搞过所谓"大发展"，把民主改革的准备工作作为"一切工作的重点"，这是工委集体讨论决定的，不能由范明个人负责。范在同年6至10月主持工委工作期间，有急躁冒进的错误，但对中央"六年不改，适当收缩"的方针是基本上执行了的。他曾对某些方针政策性的问题提过不同意见，但党中央决定后，还是服从的。因此，不能说他反对党的重大方针政策。

（二）原定范明包庇反坏分子，打击好人和进行宗派活动。

1951年西北进藏干部中有旧人员和有政治历史问题的人85名，这些人的调配和使用，都是经过党组织批准的，不能由范明个人负责。原列举"包庇"了十余人，范对其中个别人有过袒护行为，但都不能说是包庇。原列举范"打击"的十名干部，没有事实依据，应予否定。范在对待西南、西北进藏干部的看法上，有时有宗派情绪；对有的中央领导同志有过自由主义的议论，这是错误的。但不能说他进行宗派活动。

（三）原定范明撰写的《新西游记提纲》是彻头彻尾的反党纲领。

范于1957年12月到1958年初撰写的约四万字的《新西游记提纲》是有严重错误的。他擅自动用党内文件，把工委内部争论的重大问题写进小说《提纲》；对达赖集团偏于揭露的一面，对班禅集团偏于赞扬的一面，这与中央当时关于以争取达赖集团为主，同时坚定地团结班禅集团的方针不符。在人物刻画部分，他影射了工委某些领导干部，有讽刺、挖苦和人身攻击之词，有损于党的团结。但这些错误的性质，是属于人民内部问题，不能认为小说《提纲》是"彻头彻尾的反党纲领"。

（四）原定范明污蔑中央和中央负责同志，污蔑党，企图改变党的性质。

范在1956年对西藏组织工作和宗教问题等方面，说了一些错话，但不是对党对中央负责同志的污蔑和企图改变党的性质。

经向原中央统战部和西藏工委的同志调查，他们认为范的问题原定性，处理过头了，应予以改正。

根据复查结果，范明同志在西藏工作是积极肯干的，同时也有错误，有些错误是严重的，但不属于反党反社会主义性质，不应划为反党集团头子，极右分子。因此，我们建议：撤销原西藏工委扩大会议1958年8月23日《关于开除反党集团头子范明的党籍和军籍的决议》，恢复其党籍和原级外，分配适当工作。原被定为范明反党集团成员的白云峰、梁枫（团工委副书记）、曾实（工委办公厅副主任）等同志和因受牵连处分的同志，由我部和西藏自治区党委分别复查，妥善处理。

中共中央组织部

这是中共中央组织部1979年11月对范明问题复查报告（草稿）。

勉强签字

为什么已经签了字的结论又不算数了呢？原来，当中央组织部的复查结论报告送到西藏，西藏不同意更正。此时，陕西省委第一书记马文瑞也在积极为范明平反奔忙。当得知范明的平反结论被压后，马文瑞主动给中央组织部部长宋任穷打电话，建议先给范明恢复党籍，让其到中央党校学习，一面学习，一面等平反结论。中央组织部同意了马文瑞的建议。

1980年3月13日，天刚下过雪，西安车站被洁白的雪覆盖着，这天，范明要乘车去北京中央党校学习。听说范明已恢复了党籍，要去北京学习，很多人前来送行。范明很高兴，即兴以《瑞雪赴京》为题咏诗一首："昭雪晋北京，长安有包公。天随人和愿，万里呈清平。"

1980年7月，范明（后排右三）在中央党校学习时与老同志合影

范明到中央党校学习期间，一直是边学习边等候结论。

4月14日，中央组织部将复查结论第二稿送给范明看，要范明提意见。范明将第二稿与结论第一稿进行对照，大吃一惊，发现新结论已将原结论改得不像样子了。范明当即写了一份对结论的书面意见，于4月18日送交中央组织部。

4月22日，中央组织部审干办公室派来三个人，给范明送来《关于范明同志右派反党集团问题的复查结论》修改第三稿。范明又很坦率地提出了两条意见。

5月10日，中央组织部审干办公室又给范明送来修改第四稿。此次结论稿是经过部长会议通过后，才拿出来叫范明签字。这样四次反复修稿，也是中组部在办案上史无前例的慎重工作。范明对这个结论是不同意的，经过长时间的谈话，范明考虑再三，在结论上签了"同意复查改正结论，服从关于党籍、工作和级别的决定"。

当即向中央写了对结论的申述。最后，由范明签字的这份结论，由中央政治局批准，作为下达的正式结论。

1980年7月11日，中央组织部向陕西省委组织部正式发出关于范明复查结论的通知，正式通知本人，要求做好善后工作。与此同时，西藏自治区党委向西藏县以上单位转发了中组部的通知。

关于范明同志右派反党集团问题的复查结论

范明，男，六十五岁，陕西临潼人，一九三七年参加工作，一九三八年入党。原任中共西藏工作委员会副书记、西藏军区第一副政委等职务。

一九五八年整风反右运动中，西藏工委报经中央批准，把工委副书记范明同志定为反党集团头子、极右分子，开除党籍、军籍，撤销党内外一切职务，送陕西省农场劳动以资改造，给予十八级待遇；一九六二年九月，又以范"纠集反、坏分子翻案闹事"，由公安部逮捕审查。一九六七年十二月，由中央专案组再次进行审查，一九七□年写出审查报告，仍维持一九五八年原结论。

遵照中央〔1978〕55号文件精神，我部对范明同志的主要问题进行了复查。

范明同志在西藏工作积极肯干，有一定成绩，但犯有□□错误，主要是：

（一）在执行党的方针政策上，他对达赖、班禅两个集团的看法片面，对班禅集团的人从好的方面看得多，有

—1—

……分子，应予改正。一九六二年……关押期间和文化大革命初期，被……对此他的检讨态度较好，可……几年来，表现也较好。建议恢复……行政级别待分配工作后再定。

中共中央组织部
一九八○年□月□七日

……查改正结论
……党籍、工作和级……

范　明
一九八○年五月十日

1980年5月，中央组织部为范明做了《关于范明同志右派反党集团问题的复查结论》。这个结论留了很大尾巴，最主要的还是达赖与班禅问题

冤狱案件的平反

范明的冤案和长达22年之久的冤狱,从党纪、国法角度来论证,属于两类不同性质的案件,即从1958年11月起至1962年9月19日止,属于党纪性质范畴;从1962年至1980年止,属于国法性质范畴。

为此,范明和他同案人白云峰,向逮捕他们入狱的最高人民检察院和公安部申诉。最高人民检察院和公安部很快接受了范明的申诉,于1991年1月25日做出《最高人民检察院、公安部关于范明同志被逮捕审查的复查结论》:

> 原认定范明同志以纠集反坏分子来北京闹事的罪名不能成立。经与最高人民检察院共同研究认为,1962年对范明同志的逮捕审查是错误的,应予平反。在其被逮捕审查时,被查抄的个人信件、文件等材料应予发还。对其造成错捕错关及以后审查中的诬蔑不实之辞和文字材料应予销毁或澄清,以消除不良影响。

至此,范明从法律、国法角度都得到了平反。

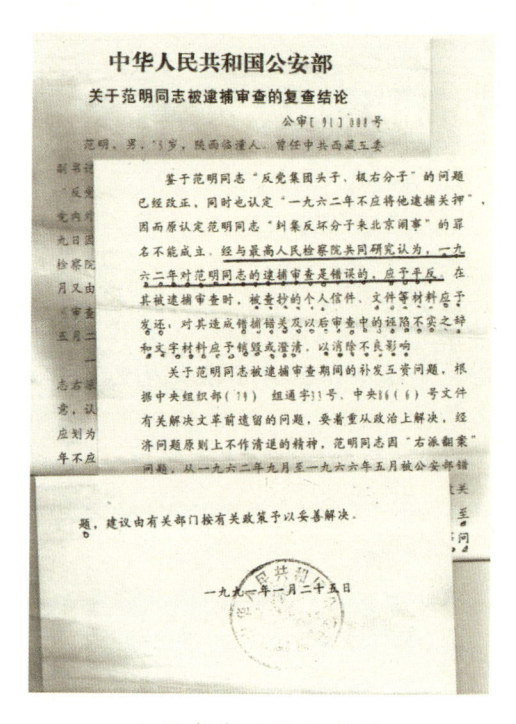

公安部复查结论文件

向西藏自治区党委三次提出申诉

范明分别在1985年、1991年、1995年荣返西藏参加西藏庆典活动之际，向西藏自治区党委再三提出申诉。为此，西藏自治区党委也做出了三次决定。但都没有下文。

1985年范明和夫人梁枫受邀作为贵宾去西藏参加西藏自治区成立20周年大典。9月7日，在西藏自治区党委常委会议室，区党委领导热地、多杰才旦等同志会见了范明，彼此之间做了长时间的坦诚谈话，形成了《中共西藏自治区与范明同志会谈纪要》，区党委并以此作为给范明重新平反的决定，上报中央，希望能够被批准。但此事不了了之。

1991年，范明要求第二次平反受挫。5月，范明借被邀请到拉萨参加庆祝和平解放西藏40周年之际，再次请求区党委对自己的冤案做实事求是的平反决议。西藏自治区党委给范明通知说，区党委根据范明的请求，要范明先给区党委写一封信，提出要解决问题的意见。最后两位书记语重心长地对范明说："对你的冤案，区党委一定会按党的政策办事，我们将由区党委上报中央请求予以彻底平反，决不会当此事作耳边风搪塞。"可是事实上，此事并无下文。

1995年，中共西藏自治区委又给范明做了第三次平反决定。9月1日，在庆祝西藏自治区成立30周年庆祝大会上，自治区党委召集了原在西藏工作过的老同志开了一次座谈会。会上，让1951年进军西藏的老同志畅所欲言，各抒己见。范明提出了希望区党委对自己的冤案能本着前两次的初衷，继续予以关怀。陈奎元书记当场决定，委托常务副书记郭金龙负责召开一次专门座谈会，听取范明的意见并做出处理决定。会后第二天，郭金龙和其他几位负责同志，听取了范明的详细申诉，认为范明过去对西藏问题的看法基本上是正确的，决定准备召集一次会议，将对范明的冤案依据中央这次对西藏问题的新决定予以合理解决。但受到干扰，座谈会最终"流产"。

十世班禅的遗愿

十世班禅非常关心范明的冤案，希望范明能够和他一样得到彻底平反。他多次仗义执言，催促中央和中央统战部给范明做出公正的彻底平反结论。1989年1月，在十世班禅去西藏前，又专门到中央统战部催问范明彻底平反的事。他对中央统战部部长阎明复说："范明是受了我的牵连，遭受了冤屈。现在我平反了，不给他平反，我这个平反也不完全，我也于心不安。"但大师的夙愿未偿，就不幸在西藏圆寂了。

40年以来，范明先后经过20余次申诉，虽经中共西藏自治区党委、中央组织部、中央监委先后曾做过五次平反决定，但终未能落实。

1997年1月，范明在84岁垂暮之年，夜以继日地写了《我的总申诉》。范明恳切地申请中央、中央军委、中纪委为他这个将近40年的特大冤案，在政治上、组织上予以彻底平反，恢复名誉。

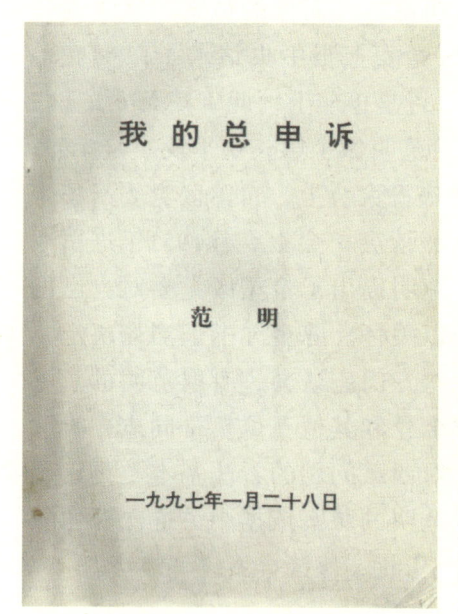

1997年1月，范明在84岁垂暮之年，写给中央的《我的总申诉》文页修改手迹

第十三章 政协工作

发挥余热

1980年1月,中共中央组织部开始甄别、审查范明的冤案,5月10日正式发出关于范明复查结论的通知,范明长达22年的冤案,终于得到了初步改正,范明被恢复党籍、恢复公职。同年12月,范明在中国人民政治协商会议陕西省第四届委员会第三次会议上,当选陕西省政协副主席。与此同时,夫人梁枫的冤案也得到了平反,恢复了党籍,任陕西省卫生厅副厅长。

1981年至1985年,范明连任第四届、第五届政协陕西省委员会常务副主席并主持日常工作。1983年,当选政协第六届全国委员会委员。1988年,连任政协第七届全国委员会委员。

1980年12月,在陕西省政协第四届委员会第三次会议上,范明(前排左二)与孙作宾(前排中)等人合影

1980年12月,在中国人民政治协商会议陕西省第四届委员会第三次会议上,范明当选陕西省政协副主席

1981年4月5日，范明（左一）与孙作宾（左二）、谈维熙、胡景通等人步入公祭黄帝陵现场

1981年4月5日，范明代表陕西省人民政府在公祭黄帝陵时宣读祭文

1981年4月5日，范明（前排右四）与孙作宾（右五）、谈维熙、胡景通、李森桂等公祭黄帝陵时行注目礼

1981年4月5日，范明（右二）与胡景通（左二）等人瞻仰轩辕庙古碑

1983年，在全国政协会议上，范明（左二）、梁枫（左一）与老战友施展（右二）、章岩（右一）交谈

1983年6月18日，陕西省出席全国政协六届一次会议委员合影。图中：范明（前排左九）、孙作宾（前排左六）

1984年9月9日,国家主席李先念(左一)在西安丈八沟宾馆与范明(右一)亲切交谈

1984年,范明(右一)陪同国家副主席王震(右三)参观陕西咸阳彩色显像管厂

1984年，范明（后排中立者）陪同国家副主席王震（前排中坐者）参观秦始皇兵马俑

1985年，陕西省政协第五届委员会主席、副主席合影。左五为范明

出席第六届全国政协会议的驻陕全国政协委员在人民大会堂前合影。前排：孙作宾（右四）、胡景通（右五）、范明（右三）、杜瑞兰（左四）、吴庆云（左三）、李慕愚（左二）

范明与老战友王世泰（左一）相谈甚欢

1989年春节，习仲勋在西安接见陕西省政协领导时的合影。前排左起：齐心、刘杰、谈维熙、常黎夫、吕剑人、习仲勋、孙作宾、胡景通、范明、李连璧、白纪年、周雅光；后排：刘钢民（左二）、何承华（左五）、吴庆云（左七）、魏明中（左八）、高凌云（左九）

1989年，全国政协副主席马文瑞（左三）及其夫人孙铭（右三）与范明（右四）及其夫人梁枫（右二）、李经纶（左一）合影

拍摄《彭大将军》

范明与摄制组的同志交谈，参与编剧和导演的指导工作

1984年，范明（左四）和李赤然（左三）等老同志为西安电影制片厂拍摄《彭大将军》在新疆筹集资金时，在新疆天池合影

范明与彭德怀夫人浦安修（右一）在西安合影

1984年，范明（左二）、梁枫（右二）和李赤然（左一）、刘永端（右一）等老同志合影

从1984年开始，为纪念彭德怀诞辰90周年，西安电影制片厂筹备拍摄关于彭德怀元帅的一部电影，聘请了中央许多负责同志和原第一野战军的领导同志，组成权威的顾问团，范明被聘请为顾问，并迅速和身在北京的彭德怀夫人浦安修取得联系，协助浦安修为彭德怀撰写传记、整理资料。为拍好这部电影，范明不仅提供了许多珍贵的历史文献，还积极为电影筹措拍摄资金，并参加编剧和导演的指导工作，重走彭德怀走过的线路。历经数年努力，终于拍成《彭大将军》（1988年上映）一片，如实地再现了彭德怀元帅的光辉一生。

撰写党史军史

范明中文功底深厚,才思敏捷,文笔好。解放战争时期,闲暇之余从来不爱开玩笑的彭德怀夸奖说:"范明,你这个墨水罐子(当时第一野战军中将知识分子昵称为"墨水罐子")还真了不起!"

1954年3月,范明向彭德怀汇报建议修筑青藏公路计划时,彭德怀拉着范明的手笑着说:"你这个一野的秀才,这才是如鱼得水,发挥作用了。"

1954年,贺龙在西南军区的一次干部会议上,向大家介绍范明时说"范明是咱们解放军中的翰林",并称这句夸赞可是毛主席殿试钦定的。由此可见,范明的文笔在当时已有名气了。

1985年6月,范明(二排左六)参加纪念赵寿山逝世20周年座谈会时和其家属合影

1984年9月，范明（前排右十二）与参加陕西省原十七路军中共党史资料征集编写工作会议的同志合影

范明在原十七路军中共党史资料征集领导小组会议上发言。图中：李慕愚（左一）、常黎夫（左二）

1989年4月，在北京颐寿园，范明（右三）与阎揆要（左五）、汪锋（左六）、吕剑人（左七）、常黎夫（右四）、孙作宾（左三）、李慕愚的合影

1987年2月，范明（前排左六）、白云峰（前排左七）与原中共西北西藏工委老同志合影

1987年2月28日，是第一野战军联络部成立40周年纪念日，范明、梁枫和联络部1951年进藏的部分同志合影。前排左起：任启明、付生、梁枫、张玉柱；后排左起：白云峰、肖生、范明、杜舒安

　　1996年之后，受组织委托，范明积极参加撰写党史、军史资料。范明曾担任十七路军党史领导小组顾问、陕西省十七路军中共党史资料征集小组顾问。在十七路军党史方面，撰写了《原三十八军中地下党工作委员会工作概况》《毛主席引导赵寿山走上革命道路》《毛主席电召我回延安》《毛主席批准赵寿山入党》《毛主席的足迹》。兰州军区政治部联络部聘请范明为一野联络部部史顾问，撰写了《第一野战军敌军工作纪实录》《第一野战军敌军工作史》。人民解放军总政治部出题指定范明撰写《认真执行党的民族政策》的稿件。

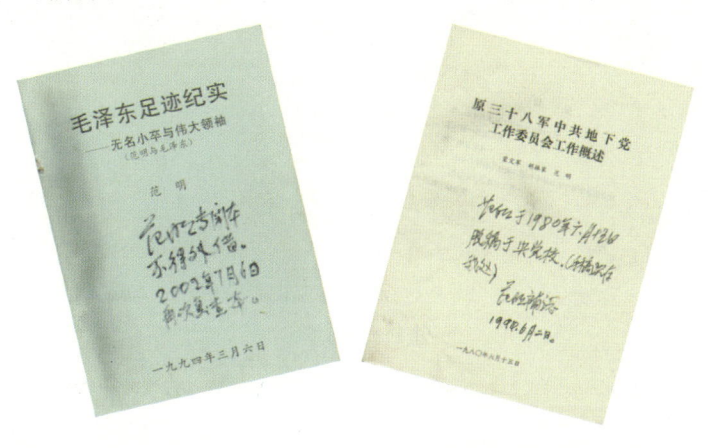

范明创作稿本

范明受全国政协文史资料委员会主任杨拯民转中央负责同志的指示以及中共西藏自治区委员会党史研究室的重托，在百忙之余，笔耕不辍，撰写出了《把五星红旗高高地插在喜马拉雅山上》《十世班禅大师爱国业绩纪实》《达赖反动集团叛乱的前因后果》等著作。

范明创作稿本

1999年3月，范明（中）在成都西藏党史工作座谈会上，与郭金龙（左）、多杰才旦（右）合影

1999年3月，范明在成都西藏党史工作座谈会上发言，右一为陈竞波

1999年3月,范明(前排中)在参加日喀则地区党史工作座谈会时与老战友合影

范明撰写的上百万字的资料,尤其是有关50年代他在西藏工作期间,我党与达赖反动集团斗争,反对其分裂、妄图独立等活动的资料,为我们现在解决西藏问题,反对达赖反动集团妄图搞分裂提供了重要的历史资料。它为探讨、研究、总结我党50年代在西藏工作中的经验和教训提供了宝贵资料,为存史资政留下了宝贵的文献。

第十四章　浴火重生　荣归藏地

十世班禅在监狱里度过了9年零8个月后，于1977年10月获释。1982年7月，十世班禅再次回到离别18年之久的西藏。图为1982年十世班禅和父母、弟弟在西藏拉萨合影

与十世班禅大师喜相会

1983年，范明当选为全国政协委员，1984年4月，范明赴北京参加全国政协会议。当时，十世班禅虽已复任全国人大常委会副委员长，但尚未彻底平反。中央组织部虽然于1980年给范明做了复查结论，但还留着"支持班禅、反对达赖"的错误尾巴。与会期间，范明还收到不能私自去会见十世班禅的暗示。

会议期间，范明接到了十世班禅在北海公园御膳餐厅宴请西藏和其他各省藏族委员的请柬，送给他的是一份特邀请柬。望着手中的请柬，范明犹豫不决。冤案未平，余悸犹存，心情也十分矛盾，于是，他通过大会秘书长向中央提出报请，由中央决定可否参加。很快，在得到上面批准后，即日由中央统战部招待处一位负责同志陪同范明赴宴。

宴会厅内，十世班禅和阿沛·阿旺晋美已端坐于圆形大厅最大一席之上，周围坐满了藏族知名人士和两会的委员们，个个态度严肃。众目睽睽之下，范明心情忐忑不安。陪同范明的那位负责人旁若无人地拉着范明的手拾级而上，引至宴会厅最后一层台阶时，突然把范明的手高高地举起，向参加宴会的同志们高声介绍说："这是我们长期埋在地下的出土文物——范明老将军。"话音未落，班禅已从大厅最上面的大圆桌旁激动地跑下来，他紧紧地抱着范明，什么也没说，放声大哭。范明这个身经百战，又遭受过千百次批斗和多年监狱折磨之苦却从不低头的关中硬汉，这时也忍不住泪流满面。这一景象令四座皆惊，人们交头接耳，议论纷纷。随后，十世班禅亲自扶范明入席就座。

事后，人们把"出土文物""古董""国宝"加注在范明的身上，也验证了"正义人不灭，公道自在人"的谚语。

虽然这次见面充满了戏剧性，但却从此打开了范明和十世班禅自由会见的大门。

范明说，"西藏是我的第二故乡"，他把自己一生最美好的年华贡献给了西藏，并与班禅结下了深厚的友谊。1985年至2001年，范明曾四次重返西藏，帮助西藏整理历史资料、积极协助创建"援助西藏发展基金会"。

第一次荣返西藏

1958年9月，范明离开西藏，被押送内地，时隔28年，范明作为贵宾被邀请参加庆祝西藏自治区成立20周年大典。1985年8月19日，范明由西安乘车来到成都，22日前往西藏拉萨。赴藏之前，在成都与当年战友、故旧陈竞波、夏仲远等同志相逢，谈笑风生，毫无沧桑凄凉之感，共产党人的豪迈胸怀，溢于言表。范明遂吟《重返西藏》七绝一首："千山万水渡雄关，道路崎岖骨未寒。久别相逢惊不老，童颜鹤发笑生还。"

1985年，西藏隆重庆祝西藏自治区成立20周年。中央派出以胡启立（时任中共中央办公厅主任、中央书记处书记、中央政治局委员）为团长、十世班禅副委员长为副团长的一个庞大的中央代表团前往祝贺。在拉萨，范明又与十世班禅相逢。

范明下榻在新落成的拉萨饭店。一天，十世班禅亲自给范明打来电话，说他要来看望范明，要范明在住处等候。不久，十世班禅来了，还带着记者和摄影师。十世班禅按藏族习惯举行了仪式，除给范明赠送哈达外，还给范明送了毛呢大衣，以及亲自用毛笔写了汉文名、藏文名和盖上印章的近照。十世班禅向范明赠送照片时，用汉语对范明说："我学写汉字的第一位启蒙老师就是你，那时我还不识汉文，汉语也不大会讲。"范明接过了十世班禅亲自署名的照片一看，北魏体的题字苍劲有力，笔功已经远远超越了自己。随后，班禅和范明交谈了很久……

此次与班禅的会面给范明留下了极深刻的印象。十世班禅赠送的那张署名照片和毛呢大衣，范明一直珍藏着。赠送给范明的哈达，范明在1995年9月第三次进藏参加西藏自治区成立30周年庆典时，专程去日喀则又敬献给了十世班禅的法体，并赋诗一首以示敬仰。

范明同志留念

班禅·确吉坚赞

1985-9-10.

　　庆典期间，十世班禅到拉萨饭店看望范明，按藏族习惯举行了仪式后，向范明赠送了题字照片

1985年9月，范明参加庆祝西藏自治区成立20周年庆典时，接受时任西藏自治区副主任帕巴拉·格列朗杰献的哈达

1985年9月，范明（左一）和梁枫（左二）参加庆祝西藏自治区成立20周年庆典时，与老战友一起座谈

1985年9月,范明(左一)参加庆祝西藏自治区成立20周年庆典时,在老干部座谈会上发言

1985年9月,范明参加庆祝西藏自治区成立20周年庆典时,与自治区领导一起座谈。左起:普穷、范明、江村罗布、图道多吉

1985年9月,范明(前排左二)和梁枫(前排左一)参加庆祝西藏自治区成立20周年庆典时,在罗布林卡与孙作宾(前排左三)等人合影

1985年,范明(中)与贡唐仓(左)、蒋云台(右)合影

1985年，范明（前排右六）、梁枫（前排右四）与阿沛·阿旺晋美（前排右七）等合影

庆祝西藏自治区成立20周年庆典时，在自治区农牧科研所大楼前与友人合影。范明（前排右六）、梁枫（前排右三）、孙作宾（前排右五）

1952年初,为了解决西藏人民的吃菜问题,范明提议并亲自领导创建了蔬菜试验场——西藏七一试验农场(现在隶属于西藏自治区农牧科学院)。图为1985年9月范明(右二)和梁枫(左三)参观农牧科学院七一农业试验场的大棚蔬菜

1992年,西藏农牧科学院七一农业试验场成立40周年之际,范明题词祝贺:"鞍马甫歇汗未干,挥汗成雨辟农田。唐代萝卜汉时麦,茁壮成长傲雪山。延安精神代代传,开花结果在西天。喜看今朝大发展,尚望星火更燎原。"

第二次荣返西藏

1991年5月，范明应邀参加庆祝西藏和平解放40周年大典，到达拉萨机场时受到热烈欢迎

庆祝西藏和平解放40周年大典时，时任中央代表团团长的李铁映（左二）对范明（右四）说："你是共和国的国宝将军！"右二为范明的夫人梁枫

1991年5月，西藏自治区政协主席热地向范明敬献哈达

1991年5月，范明（右一）参加庆祝西藏和平解放40周年大典时，在阿沛·阿旺晋美（中）家中与其亲切交谈

范明（右）与西藏军区原司令员郗晋武（中）、拉萨市副市长孔繁森（左）合影

1991年5月，范明为西藏历史博物馆题词："存真求实，广征博采。"

范明与后任天津市人大常委会主任肖怀远（右）合影

第三次荣返西藏

在拉萨市

　　1995年9月，范明出席西藏自治区成立30周年庆典时，受到当地藏族群众的热情欢迎

　　1995年9月，西藏自治区副主席顿珠（右一）前往住所看望范明

1995年9月1日，范明（左三）与西藏自治区原领导合影。左四起：郗晋武、天宝、任荣、阴法唐、陈竞波

1995年8月，范明应邀出席西藏自治区成立30周年庆典时，与中共西藏自治区党委原第一书记任荣（前排左）、西藏军区原司令员郗晋武（前排右）在主席台上合影

1995年9月，范明（前排右二）应邀出席西藏自治区成立30周年庆典的拉萨广场晚会。前排右一为中国人民解放军总政治部副主任周子玉

1995年9月，范明作为贵宾被邀请参加庆祝西藏自治区成立30周年盛会。范明亲自将刚完稿的《十世班禅大师爱国业绩纪实》的书稿，作为庆祝西藏自治区成立30年的献礼，赠送给中共西藏自治区党委。图为范明（右一）、十世班禅的母亲（中）、梁枫（左一）在庆典大会上的合影

1995年9月，范明（中）与时任中共西藏自治区党委副书记丹增（左）合影

1995年9月，西藏自治区政协副主席、藏族女歌唱家才旦卓玛（中）前往住地看望范明和梁枫

1995年9月，范明及夫人梁枫参观西藏农牧科研所的科研成果

1995年9月，范明及夫人梁枫出席西藏自治区成立30周年庆典时，与曾在身边工作过的部分人员合影

1995年9月，范明应邀出席西藏自治区成立30周年庆典

1995年9月，范明应邀出席西藏自治区成立30周年庆典

专程赴西藏日喀则向十世班禅灵塔敬献哈达

1995年9月，范明第3次回西藏参加自治区成立30周年大典。参加庆典后，在西藏自治区政府副主席顿珠和计晋美的儿子计明多吉的陪同下，专程赴日喀则。

1995年9月，范明、梁枫在西藏自治区政府副主席顿珠的陪同下参观班禅夏宫

1995年9月,在班禅夏宫门前,范明、梁枫与顿珠(右三)等人合影

1995年9月9日,范明向十世班禅灵塔敬献哈达

1995年9月9日，范明亲临西藏日喀则扎什伦布寺，在十世班禅灵塔殿内为十世班禅题词："悼念伟大的爱国主义者、著名的国务活动家、中国共产党的忠诚朋友、中国藏传佛教的杰出领袖班禅大师永垂不朽。"

1989年1月29日晚上7时，《新闻联播》突然传来了十世班禅逝世的噩耗。听到新闻，范明目瞪口呆，如痴如傻，不知所措。电视机里的哀乐中夹杂着不祥之兆的乌鸦叫声，使范明触景生情，挥泪赋诗《哭班禅大师》一首："忽闻大师殒西天，月落乌啼满长安。挥泪赋诗久无句，借取唐吟哭大仙。"

赠送给庆祝西藏自治区30周年大典的礼品

范明参加庆祝西藏自治区30周年大典时，向西藏自治区党委领导送上了《十世班禅大师爱国业绩纪实》书稿一本，作为礼品。下文是随书附上的一封信：

> 值此庆祝西藏自治区30周年大典之际，谨奉上拙著《十世班禅大师爱国业绩纪实》书稿一本，请查收过目为盼！这部书是我依据亲历见证和历史文献，实事求是地，存真求实地积十年之久而写成的。该书既无哗众取宠之心，更无欺世盗名获利之欲，只希刍荛之言，对党处理好西藏当前所存在的重大方针政策问题有所参考，有所裨益，于愿足矣，别无他求。尚希鉴谅并予指正为祷！
>
> 　　　　　　　原西藏工委书记处书记
> 　　　　　　　原西藏军区第一副政治委员
> 　　　　　　　原西北军政委员会驻班禅行辕代表　范明
> 　　　　　　　　　　　　　　　1995年8月15日

2001年9月12日晚，范明将《十世班禅大师爱国业绩纪实》的书名改成《十世班禅大师爱国业绩与达赖叛国罪行纪实》。图为手迹照片

1995年9月9日，范明向扎什伦布寺民管会主任奉献上《十世班禅大师爱国业绩纪实》一书。喇嘛次仁（右）、嘎钦次仁（左）接受献书

1995年9月，范明在日喀则与扎什伦布寺管委会主任次仁喇嘛（右）及副主任合影留念

第四次荣返西藏

2001年5月，范明应邀参加庆祝西藏和平解放50周年大典，受到西藏民众的热烈欢迎

2001年5月，范明应邀参加庆祝西藏和平解放50周年大典时，与老朋友们一起游园合影。图中有郗晋武（右三）、范明（右四）、阴法唐(右五)、陈竞波（右六)、任荣（右七）、天宝（右八)。范明身后为其子郝西政

2001年5月，范明应邀参加庆祝西藏和平解放50周年大典，时任中共中央政治局常委、国家副主席、中央代表团团长的胡锦涛（中）亲切地与范明握手。时任西藏自治区党政书记郭金龙（左一）、成都军区副政委张少松（右二）陪同

2001年5月，庆祝西藏和平解放50周年大典酒会上，胡锦涛向范明敬酒

援助西藏发展基金会

1987年4月,十世班禅和阿沛·阿旺晋美副委员长及藏族僧俗知名人士倡议建立援助西藏发展基金会时,以十世班禅、阿沛名义致函政协陕西省委,提出聘请范明为基金会顾问,范明欣然应聘。

1992年4月,援助西藏发展基金会正式成立。范明当选为第一届理事会理事

1992年援助西藏发展基金会正式成立,范明当选为理事。范明(右一)与梁枫(左一)赴北京开会时留影

1997年4月，范明（二排左四）在北京参加援助西藏发展基金会第二届理事会议时与阿沛·阿旺晋美等国家领导人合影

1997年4月，在北京召开的援助西藏发展基金会第二届理事会议上，范明再次当选为理事，继续为基金会出谋献策，贡献力量

1997年4月，在北京召开的援助西藏发展基金会第二届理事会议上，范明和十世班禅的母亲尧西·索朗卓玛合影

第十五章　多才多艺　灿烂晚霞

范明离休后依然积极参加各方面的社会活动，以充沛的精力忘我工作，发挥余热，为陕西省的精神文明建设做出了卓越的贡献

将军郎中

范明15岁时，向乡间一位游方道人学习中医名著《医宗金鉴》，从此便与中医结下了不解之缘。以后无论是行军打仗还是身陷囹圄都随身携带着《黄帝内经》《伤寒杂病论》《金匮要略》等中医名著。

在延安时期，范明曾向李鼎铭先生学习中医。解放后在北京又得到国医大师施今墨的指点，加之他天资聪颖，学习努力，因此中医造诣颇深。

1953年，在北京开会期间，范明曾为徐特立、张德生、王世泰和马文瑞等领导同志的夫人及子女治愈了长期不愈的疑难病，尤其在为中共中央统战部部长李维汉治愈耳癌后，名噪京华，一时慕名前来求医的人应接不暇。全国政协原副主席马文瑞的女儿马小枚谈及范明为她治愈严重鼻炎的往事，至今仍感念不已。毛主席曾对范明说："你的脑壳应该分成两半，一半搞政治，一半搞中医。"

范明具有较深的中医理论造诣和丰富的临床施治经验，特别对疑难病症有特殊治疗手法，被誉为"将军郎中"。

1989年春，范明出任西京中医药科技开发研究会理事长。5月，成立了研究会所属的景龙中医疑难病症诊疗所。研究会下设有老中医门诊部，范明定时去门诊部为群众把脉治病、坚持坐诊，直到1994年。

1989年，范明为了让中医更好地为人民服务，在西安东关创建了景龙中医疑难病症诊疗所

范明为景龙中医疑难病症诊疗所开诊三周年题字

> 景龙疑难病症诊疗所开诊三周年志庆
>
> 天人合一
> 医药同源
> 阴阳合和
> 百病不生
> 中医大道
> 尽在其中
> 理法方药
> 八纲四诊
> 辨证施治
> 万世所宗
> 济世活人
> 其乐无穷
>
> 一九九二年五月廿日 明景斋郝沁范明

范明义务为群众诊治疾病

范明一贯身体力行，促进中医事业发展，常常走上街头为群众看病。图为1990年，范明在西安红埠街为群众义务诊治疾病

听闻范明将军在老中医门诊部义诊，任崇轩老先生将信将疑，于是亲临西安红埠街的老中医门诊部探望范明，看后深受感动，当场赋诗一首《观范老义诊有感》，赠予范明，诗云："银丝两鬓一老翁，伏案斗室济世穷。忆昔神功射九日，喜今妙笔救众生。平生偏罹史迁祸，晚年深谙岐黄功。事虽无奇人却奇，谁信将军是郎中。"

诗中注释云："盛传范明同志精于国医，余甚疑。观其在老中医门诊部义诊，始信。感慨良久，内心敬佩，爱斯命笔试吟小诗以记之。"

振兴中医

1990年12月，范明为使国医后继有人，发起了陕西省继承老中医专家学术经验拜师会，全体代表合影留念

1991年6月，范明参加陕西省国际医学交流促进会成立大会时合影。图中：范明（前排右四）、刘力贞（前排左七）、李经纬（前排右八）

范明和陕西省众多著名老中医发起成立陕西省中医药研究院科技开发部，范明任理事长。范明（前排左六）、陕西省卫生厅原厅长李经纶（左七）和开发部的专家们合影

范明与李经纶（时任陕西省卫生厅厅长）为发展中医药事业积极倡导，奔走呼号。在全国政协原副主席马文瑞、卫生部部长崔月犁等同志的大力支持下，于1990年1月，经陕西省高教局正式批准，创办了"西京孙思邈国医药自修大学"（后更名为"陕西孙思邈国医药专修学院"），范明亲自出任第一任校长。学院为陕西教育增添了新特色，培养了万名以上合格的中医药实用人才，缓解了农村基层及边远山区中医药医疗人员长期缺乏之现状，取得了中医药高等学府的教育经验，并在国内及国际上赢得了一定的影响。范明所著《唯物辩证法与中医辨证施治探讨》一书被定为国医药学专用教材。

1994年，在孙思邈国医药培训大学建校五周年庆祝大会上。一排右起：常黎夫、范明、白纪年、牟玲生；二排右起：杜瑞兰、李经纬

范明(右一)与李经纬（左一）、方伯豪（中）在研究孙思邈国医药培训大学的教学工作

助教兴学

范明热爱教育事业，关心下一代的培养和成长。在他的倡导下，1980年先后创办了西安培华女子大学、爱华女子自修大学，并亲自担任董事长和名誉校长，还协助创建了西安翻译学院、陕西杨虎城进修学院。这是西安地区最早开办的几所民办大学，如今已成为西安地区规模宏大的名牌院校。范明为陕西省民办教育事业的发展做出了不可磨灭的贡献。

范明（前排左七）与西安培华女子大学1989—1990学年毕业生合影

（此为上张照片局部放大图）

图中前排右起：孙作宾、吕剑人、范明、杜瑞兰

范明（左七）参加西安翻译学院成立庆祝大会

1997年，范明协助创办了陕西杨虎城进修学院。图为开学典礼时，范明（左八）与杨虎城进修学院的师生们合影

（此为上张照片局部放大）

范明与杨虎城进修学院师生合影。前排为范明（左四）、杨虎城女儿杨拯英（左三）、郝东政（左一）

弘扬文化

1996年10月,在范明的倡导下,成立了陕西炎黄文化研究会。本着"弘扬中华民族优秀文化、振奋民族精神"的宗旨,高举爱国团结的大旗,开展了以炎黄文化学术研究为主的多种形式的活动

范明在陕西炎黄文化研究会成立大会上发言

1996年10月,陕西炎黄文化研究会成立大会时,范明和与会领导合影。前排左起:叶增宽、范明、冯征、左岚

中国炎黄文化研究会副会长冯征(左)向范明(右)赠送书籍,后排站立者为秘书长姬一鸣

1992年7月，范明发起成立了陕西省司马迁研究会。图为范明（前排左十三）在司马迁研究会成立大会上与众会员们合影

1991年10月出版的《范明新编史圣司马迁剧选》，封面画由著名画家王西京创作

1979年范明写出文学剧本《司马迁》，1982年写出演出本《史圣司马迁》，1983年再撰写广播剧《史圣司马迁》。这些作品深得各地戏曲界、文学界人士的喜爱和推崇。在陕西人民广播电台台长于成的支持下，由苟良执笔改编的广播剧《史圣司马迁》在全国各地播放，获得一致好评，并被选为优秀剧目，代表中国赴德意志联邦共和国参赛并获奖。

书法创作

  1988年，范明被聘为陕西省于右任书法学会会长，也曾多次参加各项书法活动，为推进陕西的书法文化做出了贡献。

1996年第三届于右任书法学会作品展上，范明与友人合影

范明参加书法活动，挥毫创作

范明在进行书法创作

1993年11月,范明(右二)参加杨虎城将军诞辰100周年"千古功臣"书画展开幕式后,与友人合影

1995年，范明为"纪念唐代玄奘大师赴印度取经归来1350周年"活动题字，并在大雁塔下留影

范明为"纪念唐代玄奘大师赴印度取经归来1350周年"活动书写的书法作品

会友参观

2001年,范明与原第三十八军地下党老战友邓元温(右)合影

范明、梁枫与全国人大第一届代表吕剑人(左一)合影

1996年8月,范明和梁枫应辽宁省政协的邀请到辽宁参观。范明(右七)、梁枫(右八)及辽宁省政协副主席章岩(右六)等在沈阳森林公园合影

1994年3月,范明(中)与老朋友杨和亭(左)、常黎夫(右)在延安精神研究会召开的会议上相聚并发言

1996年8月,范明夫妇与沈阳军区原副政委张午夫妇合影

2003年范明、梁枫与甘肃省原副省长李屺阳(左一)在西安家中亲切交谈

读无名小卒与伟大领袖有感

二线戏坊立奇功 谁知将军也牢笼
毒手残害绝人寰 党藉军藉被妖斩
大荔秦邦长夜醒 赵老弥留还白绫
死里求生二十秋 怨失射向白骨精
誓靠毛公兄弟称 毛公笑谈战争
统战法宝系心中 生死全靠党性红
死里逃生再立功 朝中医创新径
凯旋门前凯歌奏 六朝丰乐融融
笑谈一生天下事 九十华诞度春秋

范明长兄留念
李屺阳八十七岁献辞

李屺阳为范明题写的诗

最后一次公务活动

2005年5月24日，习仲勋同志的骨灰安放仪式在陕西省富平县举行

范明与习仲勋的相识，不是因为组织关系或工作关系，而是一个偶然的际遇。当时范明在杨虎城部第三十八军做党的地下工作，对外是教导队（实际是抗大分校）队长，对内是中共三十八军工作委员会委员、组织部长兼统战部长。

1942年9月，范明奉毛主席电令回延安汇报工作，路经陕西省委和关中地委所在地马栏，去看望早年在抗日军政大学毕业后调任关中专著文教科工作的哥哥郝伯雄，得知他的上司专员就是原来担任过陕甘边苏区苏维埃主席的习仲勋，经哥哥介绍与习仲勋相识。乡亲相见，分外亲热，问长问短，毫无拘束。关中"楞娃"的豪放气质和平易近人的"伙爷"作风，使彼此一见如故。从此，范明便和习仲勋结下了同志加战友的亲密关系。

2005年5月24日，在陕西省富平县举行习仲勋的骨灰安放仪式。范明作为在习仲勋同志长期领导下并与他一起工作战斗过的老同志代表，回忆了与习仲勋同志并肩战斗的岁月。这是范明最后一次参加公务活动。

范明说："习仲勋同志的骨灰安葬在故里，是家乡人民的心愿，也是我们这些长期在他领导下并与他一起工作战斗过的老同志的共同心愿。我们在不同时期在他的领导下工作，亲身受到他思想、品德、作风的熏陶，耳闻目睹了他对祖国、对人民的赤子情怀。今天我们缅怀习仲勋同志，就是要学习他对共产主义前途的坚定信念和坚强党性原则，学习他与人民群众血肉相连的优良作风，学习他勇于创新、开拓进取的精神，学习他廉洁自律、大公无私的优秀品质。"

范明在习仲勋骨灰安放仪式上讲话

范明（中）、吕剑人（左）、孙作宾（右）与习仲勋的子女合影。后排左起：习近平、习桥桥、习远平

第十六章　家庭剪影

兄弟姐妹

范明兄弟四人，老大郝克俊（左一）1927年加入中国共产党，1931年"九一八"事变后脱党，新中国成立后在兰州市参议室工作。老二郝克杰（郝伯雄）（左二）1938年在延安参加革命，新中国成立后任西安市工业局局长等职。范明（右二）排行老三，原名郝克勇。老四郝克顺（右一）是个勤劳朴实的农民，一直在家务农，曾任临潼县政协委员

1951年，范明的二哥郝伯雄（左二）、二嫂刘清秀（右一）同范明大女儿郝雅兰（后站立者）、二女儿郝晓延（右二）及儿子郝东政（左一）合影

范明（右）与弟弟郝克顺（左）在北京碧云寺合影

1950年，范明的亲属在兰州合影。三子郝延政（前排左一）、长子郝春政（二排左一）、梁枫表姐郭峰（二排左二）、母亲范氏（二排中）、大哥郝克俊（后排左二）、妹夫胡志刚（后排左三）、妹妹郝克秀（后排右二）

范明一家摄于兰州西北新村蝴蝶楼。二女儿郝晓延（一排左一）、长子郝春政（二排左一）、母亲范氏、三子郝延政（左三）、妹妹郝克秀（后排左一）、范明（后排中）、梁枫（后排右一）

夫人梁枫

2002年，梁枫在西安朱雀路干休所

梁枫，陕西临潼栎阳镇卷子堡人，1915年出生。

1936年毕业于上海市高级护士学校。

1937年冬参加中国共产党在陕西三原安吴堡组织的安吴青训班，并由青训班负责人李登云介绍参加"中国青年救国会"。

1938年夏，经中共陕西省委安排，任国民党三十八军地下党工委秘书（工委书记为范明），主要负责管理秘密电台、接收并转发中央文件、组织党员学习党的方针政策、开展三十八军上层军官家属的统战工作。

1946年进中央党校学习。

1947年春，保卫延安战役开始后，调任西北局家属队分队长，负责西北局家属往山西碛口的转移工作。

1948年延安收复后，任边区妇联托儿所所长。

1949年调任一野政治部直属政治处宣教股股长。

1950年任一野政治部兰州交际处政治协理员。

1951年任兰州女中教导主任，原国务院副总理吴仪即是她的学生。其间广泛动员广大师生积极参加西藏的和平解放工作，并和部分师生一起踏上了解放西藏的征途。

1952年任西藏工委青年工作委员会副书记和团工委副书记，成立拉萨市爱国青年文化联谊会，对西藏上层文化人士做了大量的统战工作。

1953年在北京马列学院学习。

1955年参加全国共青团代表大会，被选为共青团中央委员。

1958年被错误划为右派。

1959年回到陕西，分配到西安市碑林区粮食局工作。

1979年平反后，任陕西省卫生厅副厅长、党组成员。

1982年离休。

1995年参加陕西省延安精神研究会，1996年被选为该研究会理事。

1935年,梁枫(前排右三)在上海市高级护士学校学习时和同学合影

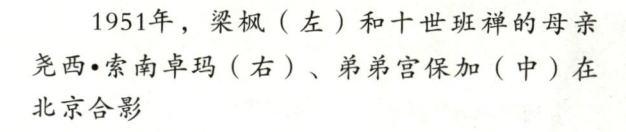

1951年,梁枫(左)和十世班禅的母亲尧西·索南卓玛(右)、弟弟宫保加(中)在北京合影

1951年7月23日，战友们欢送梁枫、李静赴藏留念。前排左起：刘杰（孙作宾的夫人）、梁枫、杜瑞兰（杜斌丞的女儿）、李静、路志亮

1953年1月，梁枫在拉萨市爱国青年文化联谊会成立大会上

1953年5月，中国新民主主义青年团西藏工作委员会为221名青年举行入团宣誓仪式，梁枫在台上讲话

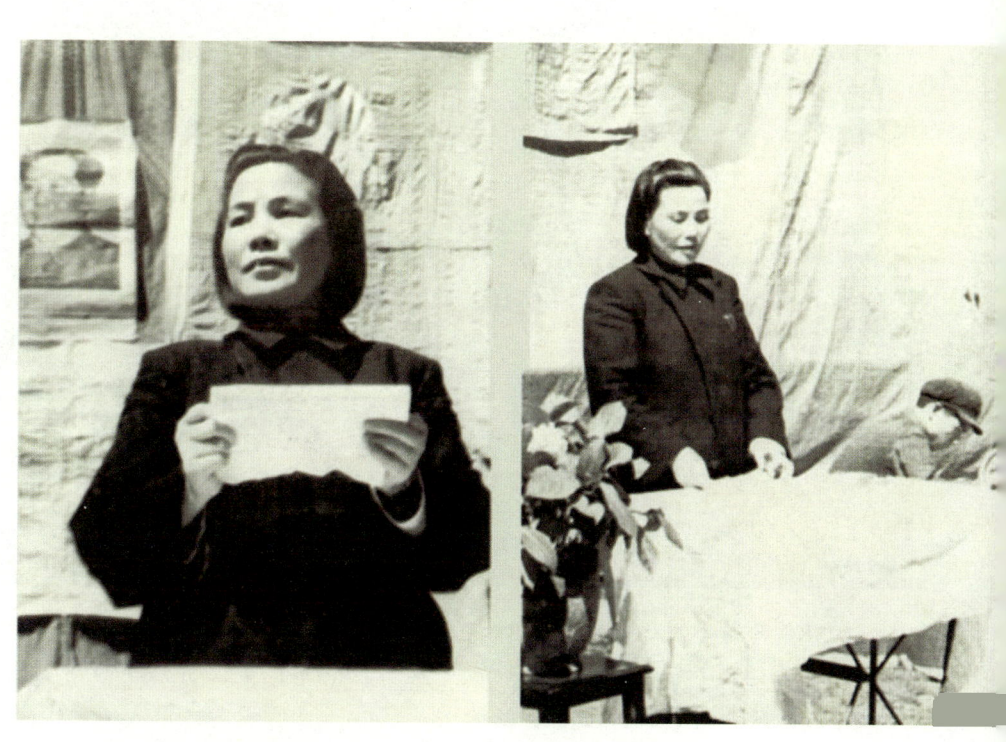

1953年5月，梁枫在中国新民主主义青年团西藏工作委员入团宣誓仪式上讲话

1954年，梁枫（前左）、白茜（前中）、刘杰（前右）、李静（后左）、王文（后右）合影

1958年西藏整风运动中，梁枫被打成"范明反党集团急先锋"，被错误划为右派。蒙冤22年后，于1979年彻底平反。1980年，梁枫出任陕西省卫生厅副厅长。左为陕西省卫生厅厅长李经纶

1980年，梁枫在陕西省卫生厅工作会议上

1982年，梁枫到延安检查工作时，在延安大桥留影

1991年6月，梁枫（左）参加庆祝西藏和平解放40周年大典时，在阿沛·阿旺晋美家中

1995年，梁枫（右六）参加庆祝西藏自治区成立30周年纪念大会时与全国政协副主席钱正英（右五），国家计划生育委员会副主任吴景春（右二）、李国柱（右三）等老同志合影

1995年，梁枫（中）参加庆祝西藏自治区成立30周年纪念大会时，与国家计划生育委员会副主任吴景春（右一）、李国柱（左二）合影

1996年9月2日，梁枫（后排左三）与就读于三原女子中学的同学李静（前排左一）、刘明（左二），陕西省政府原副省长李连壁（后排左四）合影

亲情儿女

兰州解放后,生活比较安定了,范明将他多年没见的、在延安出生的一对儿女郝延政和郝晓延从延安接到了兰州

1950年,范明与身着藏族服装的三子郝延政在拉卜楞寺

范明怀抱三子郝延政和家人在兰州郊外留影

范明给家人郝延政（前排左一）、郝晓延（前排左二）、郝春政（二排左一）、梁枫（二排左二）、郭峰（二排右一）拍照

1952年，梁枫怀抱其小儿子郝西政在拉萨

1953年夏，梁枫（中）和张德生夫人王文（右一）、女儿郝晓延在北京北海公园。照片为范明摄

1955年，范明、梁枫在北京与孩子们合影。前排右起：郝晓延、梁枫、郝西政。后排右起：郝东政、范明、郝延政

1955年，范明全家在北京合影。前排左起：郝晓延、梁枫、郝西政、范明、郝延政。后排左起：郝雅兰、郝春政、郝东政

范明的孩子郝东政（左）、郝晓延（中）、郝延政（右）在北京景山公园

进藏干部的子女们在北京合影。图中：郝晓延（前排左）、郝延政（前排右）、郝东政（后排右）；张经武之子（后排左一），谭冠三之子（前排中）

1955年，范明与梁枫在拉萨

1956年，范明、梁枫及他们的小女儿郝西燕在拉萨

1957年8月26日西藏雪顿节,范明与梁枫摄于西藏拉萨罗布林卡

第十七章　天伦之乐　幸福晚年

粗茶淡饭　长寿之道

范明88岁时和老伴梁枫的合影

1990年,范明、梁枫在西安朱雀路干休所家中

1994年，范明80大寿，四个儿子为他祝寿。左起：郝延政、郝春政、郝西政、郝东政

1994年，范明80大寿，两个女儿为他祝寿。左起：郝西燕、郝晓延

1997年,范明在西安朱雀路家中

梁枫在"文化大革命"中被造反派通缉,在临潼农村藏匿了三年。改革开放后,她年年回临潼家乡看望乡亲。图为1994年10月2日,梁枫和三子郝延政回到临潼栎阳镇

范明、梁枫和三子郝延政及儿媳曹琪合影

范明、梁枫和三子郝延政合影

范明、梁枫和孙女郝瑞、外孙孙源合影

1996年，范明、梁枫和儿孙辈合影。前排左起：三子郝延政、重孙女郝真臻、三儿媳曹琪。后排：孙儿郝旭光、孙媳王凤喜夫妇

范明夫妇与孙子郝旭光（左一）、孙媳王凤喜（右一）、重孙女郝真臻（右二）合影

2005年，范明、梁枫与孙子郝淼（右一）、重孙郝承运（左三）及孙媳李静（左一）在家中合影

左：梁枫和重孙郝承运合影
右：范明和重孙郝承运合影

左：2008年10月，范明夫妇和三儿郝延政、孙女郝瑞在陕西省人民医院合影
右：2008年10月9日，范明和孙女郝瑞合影

2008年10月，范明、梁枫的孙女郝瑞携家人从加拿大回国，到陕西省人民医院与二老合影。后排左起：重外孙女郝娇娇、孙女郝瑞、重外孙谢天浩、孙女婿谢卫

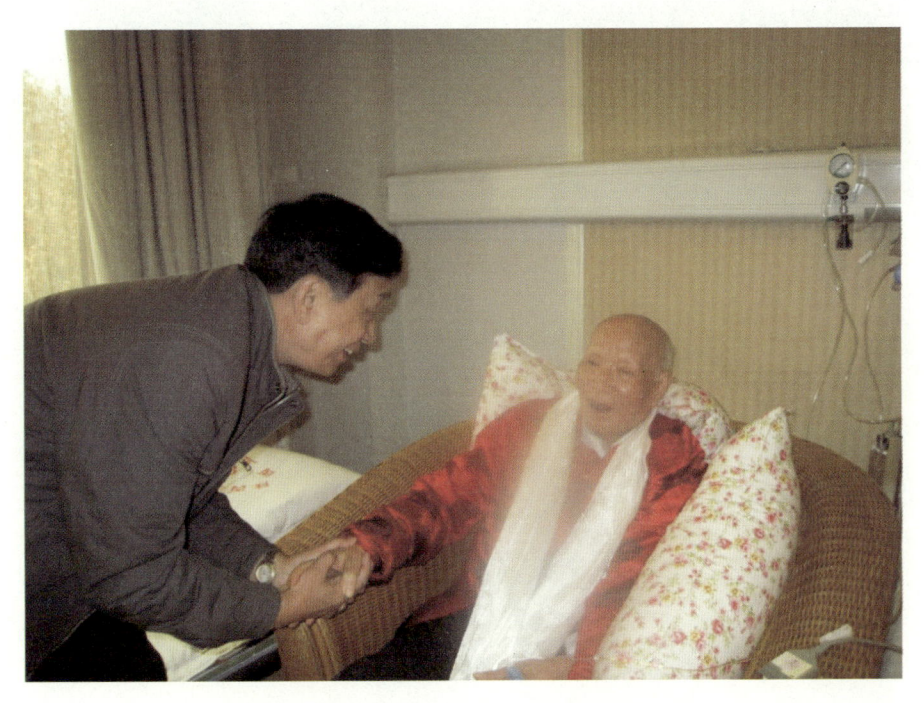

2009年，西藏班禅行辕主任计晋美的儿子计明多吉专程从拉萨来到西安的陕西省人民医院给范明敬献哈达

2004年12月，陕西省政协举办范明90寿辰庆贺活动。中共陕西省委原书记白纪年（左一）、张勃兴（右一）、安启元（左二），陕西省政协主席艾丕善（左三）热烈祝贺范明90大寿。范明和梁枫出席

第十八章 光照后人

组织关怀

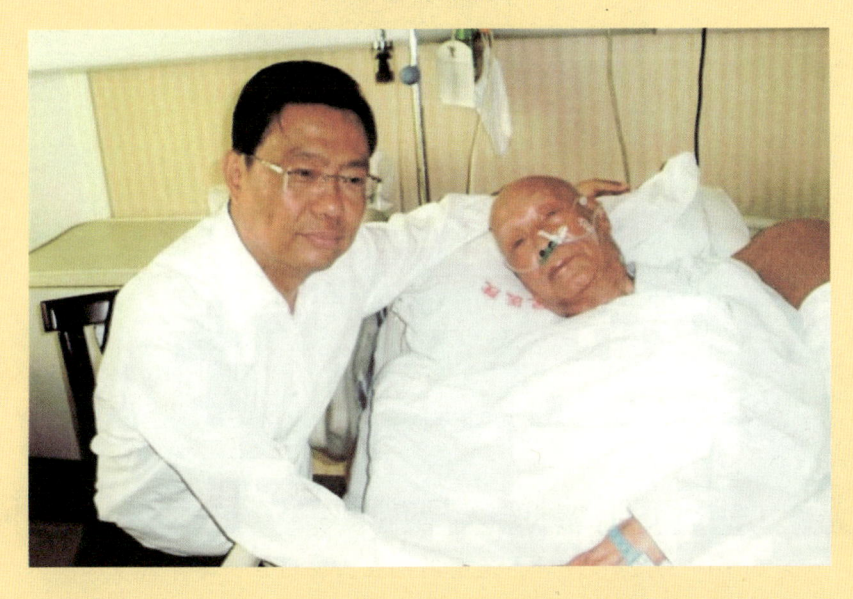

2009年4月19日,陕西省省委书记赵乐际代表中共中央政治局常委、国家副主席习近平,前往陕西省人民医院看望范明

2009年11月初,中共中央政治局常委、国家副主席习近平派秘书钟绍军(左二)专程到陕西省人民医院探视范明并与范明四子郝西政(左三)、小女儿郝西燕(左四)合影

风范永存

2010年2月23日18时，范明因病在西安逝世，享年96岁

2010年2月27日上午，范明遗体告别仪式在西安三兆公墓举行

范明的遗体安卧在鲜花翠柏丛中，身上覆盖着鲜红的中国共产党党旗

陕西省、西安市领导、老同志、社会各界人士和范明同志生前友好、家乡代表1000余人参加遗体告别仪式。中共陕西省委书记、省人大常委会主任赵乐际，省委副书记、省长袁纯清，省政协主席马中平，正省级老同志安启元、程安东、周雅光，省委常委郭永平、李锦斌、孙清云、魏民洲，省人大常委会副主任赵德全，省政协副主席张生朝、周一波、刘新文、王晓安、李晓东、李进权，省级老同志魏明中、蔡竹林、纪鸿尚、朱振义、田源、王寿森、石学友、刘石民、刘力贞、高凌云、郝树茂等参加告别仪式。习近平同志还委派其亲属习远平代表他专程前来参加遗体告别仪式

中共中央政治局常委、国家副主席习近平，委派亲属习远平（右二）代表他专程前来参加范明遗体告别仪式

陕西省委常委、组织部部长李锦斌（右一）受中共陕西省委委托，专程前往范明家中看望范明夫人、陕西省卫生厅原副厅长梁枫

中共中央总书记、国家主席、中央军委主席胡锦涛，中共中央政治局常委、国务院总理温家宝，中共中央政治局常委、国家副主席习近平，中共中央政治局常委、国务院副总理李克强，中共中央政治局原常委、国务院原总理朱镕基，中共中央政治局委员、中央书记处书记、中央组织部部长李源潮，中共中央政治局委员、全国政协副主席王刚，全国人大常委会副委员长兼秘书长李建国，全国政协副主席杜青林、陈奎元、孙家正等党和国家领导人送来花圈，对范明的逝世表示沉痛哀悼

范明生前好友习仲勋夫人齐心、徐立清夫人党秀玉、杨静仁夫人吕琳、十世班禅的母亲尧西·索朗卓玛送来花圈，对老朋友范明的逝世表示沉痛哀悼

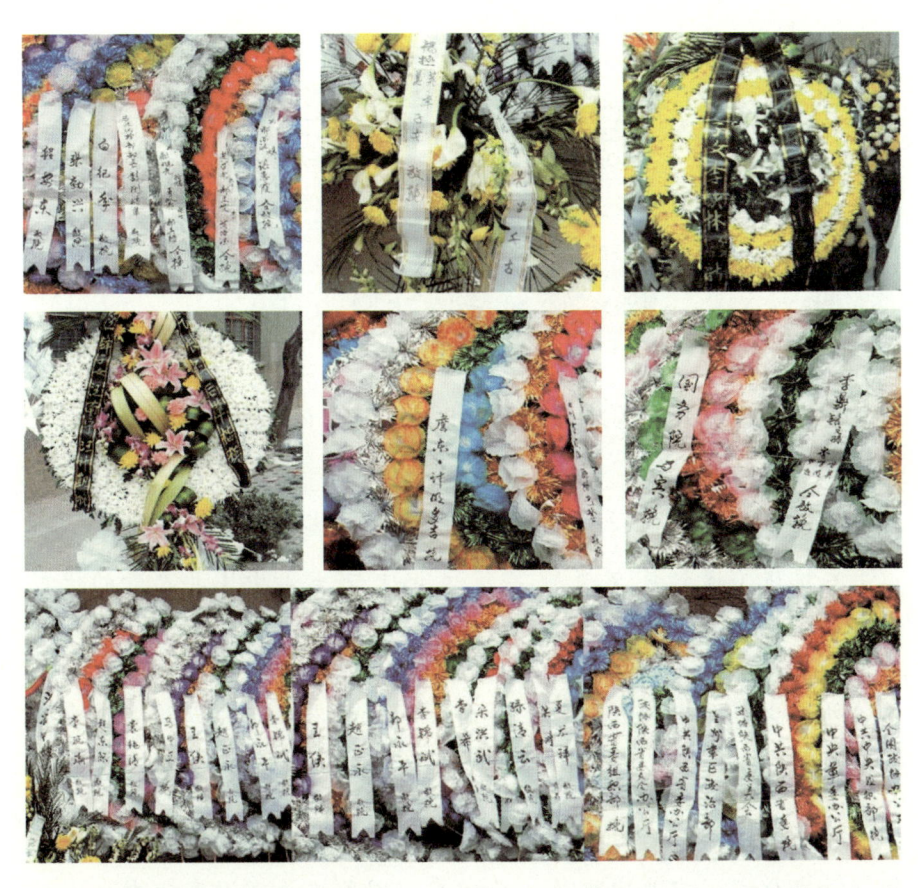

党和国家原领导人彭德怀、李维汉、阿沛·阿旺晋美、杨静仁、马文瑞、汪锋的亲属，以及省部级老领导张德生、谭冠三、高登榜、杨拯民、张策、蒙定军、徐立清、江平、詹东·计晋美的亲属，通过不同方式对范明同志的逝世表示深切哀悼

2010年2月28日,《陕西日报》刊登范明遗体在西安火化的报道及范明同志生平

范明同志遗体在西安火化

本报讯(通讯员 石炎岭 吴清润 记者 万君)中国共产党的优秀党员,忠诚的共产主义战士,原西北人民解放军进藏部队司令员兼政治委员,西北军政委员会驻班禅行辕代表,中共西藏工委原副书记,开国少将,中国人民政治协商会议陕西省第四、五届委员会副主席、党组副书记范明同志的遗体,27日在西安三兆公墓火化。

范明同志因病于2010年2月23日18时在西安逝世,享年96岁。

范明同志逝世后,中共中央总书记、国家主席、中央军委主席胡锦涛办公室,中共中央政治局常委、国务院总理温家宝办公室打来电话,向范明同志亲属表示深切慰问,对范明同志的逝世表示沉痛哀悼,并送花圈致哀。

范明同志患病期间,中共中央政治局常委、国家副主席习近平委托陕西省委书记赵乐际前往医院探望。范明同志病重期间,习近平委托工作人员前往医院探望慰问。范明同志逝世后,习近平委托省委常委、省委秘书长魏民洲看望范明同志亲属,对范明同志的逝世表示沉痛哀悼,并向其亲属表示深切慰问。习近平同志还委派其亲属代表他专程前来参加遗体告别仪式。

中共中央政治局常委、国务院副总理李克强，中共中央政治局委员、中央书记处书记、中央组织部部长李源潮对范明同志的逝世表示哀悼，并送花圈。中共中央政治局原常委、国务院原总理朱镕基同志，中共中央政治局委员、全国政协副主席王刚，全国人大常委会副委员长兼秘书长李建国，全国政协副主席杜青林、陈奎元、孙家正，全国人大常委会原副委员长李铁映、热地，全国政协原副主席赵南起，全国妇联副主席巴桑，中央统战部常务副部长朱维群、中央统战部副部长斯塔，对范明同志的家属表示亲切慰问并送花圈致哀。

27日上午，范明同志遗体告别仪式在西安三兆公墓举行。省市党政机关各部门领导、老同志、社会各界人士和范明同志生前友好、家乡代表1000余人参加遗体告别仪式。省政协副主席、党组副书记张伟主持遗体告别仪式。

西安三兆公墓礼堂庄严肃穆，哀乐低回。正厅上方悬挂着黑底白字"沉痛悼念范明同志"的横幅。横幅下方是范明同志的遗像。范明同志的遗体安卧在鲜花翠柏丛中，身上覆盖着鲜红的中国共产党党旗。

上午9时许，中共陕西省委书记、省人大常委会主任赵乐际，省委副书记、省长袁纯清，省政协主席马中平，正省级老同志安启元、程安东、周雅光，省委常委郭永平、李锦斌、孙清云、魏民洲，省人大常委会副主任赵德全，省政协副主席张生朝、周一波、刘新文、王晓安、李晓东、李进权，省级老同志魏明中、蔡竹林、纪鸿尚、朱振义、田源、王寿森、石学友、刘石民、刘力贞、高凌云、郝树茂等，在哀乐声中缓步来到范明同志的遗体前肃立默哀，向范明同志的遗体三鞠躬，并与亲属一一握手，表示慰问。

西藏自治区人大常委会副主任尼玛次仁，西藏军区驻川办事处政委孙锐代表自治区党委、人大、政府、政协、军区专程前来参加遗体告别仪式。

范明同志病重期间和逝世后，前往医院看望或以不同方式向其亲属表示慰问的有：正省级老同志白纪年、张勃兴、李溪溥，省委副书记王侠，省委常委赵正永、李希、宋洪武、洪峰、夏龙祥、魏民洲、胡悦，省人大常委会常务副主任杨永茂，省人大常委会副主任罗振江、李晓东、刘维隆、黄琦、张道宏,省政府副省长朱静芝、郑小明、吴登昌、姚引良、景俊海,省政协副主席李冬玉、周卫健,省军区司令员程兵,省级老同志吴庆云、董继昌、梁琦、孙天义、苏明、孙殿奇。

习仲勋同志的夫人齐心,在范明同志患病期间多次打电话询问病情,并派员探望慰问。范明同志逝世后,专门委托陕西省委办公厅派员前往家中吊唁、慰问并送花圈。

十世班禅的侄女央金代表十世班禅的母亲索朗卓玛,原党和国家领导人彭德怀、李维汉、阿沛•阿旺晋美、杨静仁、马文瑞、汪锋的亲属,以及省部级老领导张德生、谭冠三、高登梅、杨拯民、张策、蒙定军、徐立清、江平、詹东•计晋美的亲属,通过不同方式对范明同志的逝世表示深切哀悼。

发来唁电、唁函或送花圈的个人有:中央和国家机关的有关领导和老同志杨传堂、李铁林、杨晶、贾治邦、阴法堂、马万里、张志功、徐甘泉;兄弟省市党委主要领导胡春华、卫留成、列确、巴桑顿珠、肖怀远;中国人民解放军有关领导和老同志张国栋、张少松、郐晋武、彭钢。

发来唁电、唁函或送花圈的单位有:全国人大办公厅、全国政协办公厅、中央组织部、中央统战部、中央军委办公厅;兰州军区政治部;西藏自治区党委、人大、政府、政协、军区;陕西省委、人大、政府、政协、军区;各省辖市党委、人大、政府、政协;省直各机关团体、省市各民主党派、工商联等单位。

范明同志骨灰由王晓安、省政协秘书长田杰等领导同志护送至西安烈士陵园安放。

(原辑2010年2月28日《陕西日报》)

左：2010年2月28日，《西安晚报》刊登报道：陕西千人送别范明同志

右：2010年2月28日，《华商报》刊登报道：开国少将范明遗体火化

陕西省政协机关报《各界导报》刊登范明遗体在西安火化的报道，并刊出范明纪念专版

百年诞辰纪念会

2014年12月4日,《陕西日报》报道:纪念范明同志诞辰100周年座谈会在西安举行

2014年12月4日是范明同志诞辰100周年纪念日。12月3日,陕西省政协在西安举行纪念范明同志诞辰100周年座谈会。省政协主席马中平出席并讲话。正省级老领导张勃兴、安启元,省政协副主席郑小明出席。省政协副主席李晓东主持。

省委党史研究室主任安庆学,范明同志身边工作人员代表、省政协原副秘书长沈传忠,范明同志家乡代表、临潼区委副书记李晓明,范明同志亲属代表郝延政在座谈会上发言。

省政协办公厅、省委统战部、省委党史研究室、省民委、省宗教局、省级各民主党派和工商联的负责同志以及部分省政协常委、委员,范明同志生前好友代表,范明同志家乡代表,范明同志亲属代表出席座谈会。

陕西省政协主席马中平　　　　　　　　陕西省省委原书记张勃兴

陕西省省委原书记安启元

范明三子郝延政代表家属在座谈会上发言

郝延政在纪念范明同志诞辰100周年座谈会上的发言

今天是我父亲范明百年诞辰的日子。为他老人家召开这样一个朴实而庄重的纪念座谈会，作为他的子女，我感到特别的荣幸和感动。首先让我代表范明的家属，对省政协组织召开这次座谈会，表示衷心的感谢，向出席座谈会的领导和来宾们表示诚挚的敬意和诚挚的问候！

此时此刻，我想到了两位老革命对我父亲的评价。一位是老革命孙作宾同志的评价："关中多好汉，范明算一条。"另一位是老一辈革命家李维汉同志的评价："多才多艺，多灾多难，多福多寿。"我觉得，这是我父亲一辈子人生的写照。

我父亲范明，原名叫郝克勇，1914年12月4日出生在陕西省临潼县栎阳镇郝邢村一个耕读世家。1933年考入上海复旦大学。1937年回西安，转入东北大学。由于他青少年时期受到过良好的教育，知识渊博，功底扎实。在以后的革命工作中，展现出了多才多艺的才华。1954年曾被彭德怀元帅赞誉为"军中翰林"。

我父亲一生执着地追求真理，献身党的事业。在这里请让我追思他在革命事业中的三个亮点。

第一点是，因地下党秘密工作，毛泽东主席为他改名，叫范明。他为国民党第三十八军起义尽心尽责。

1938年初，我父亲由共青团转入共产党。在八路军安吴青训班学习结业后，党组织鉴于我爷爷和杨虎城是结拜兄弟，又和国民党三十八军军长赵寿山是西北军的老战友，从我党的军运工作和统战工作的需要出发，委派他到赵寿山部，任三十八军教导大队政治教官。先后任国民党第三十八军中共地下党工委委员、统战部长、书记等职，积极宣传党的抗日民族统一战线政策，为国民党第三十八军起义和白区地下党的建立做出了贡献，受到毛泽东同志的肯定和表扬。因地下党工作需要，亲自将他郝克勇的名字改名为范明。经查实，他是唯一与毛泽东同志保持单线联系的地下党人，来往秘密电函百余份。

第二点是，出色完成了习仲勋书记策划和组织的横山起义任务。

1946年5月，蒋介石撕毁停战协定，命令国民党军队全面向解放区进攻。在西北局党委扩大会议上，习仲勋书记传达毛主席重要指示："保卫延安，保卫边区，必须加强北线统战工作，争取榆林地区国民党部队起义，扩大保卫延安战争的回旋余地。"习仲勋书记当场决定委派时任西北局统战部处长的范明，重点争取陕北保安副总指挥胡景铎举行反内战起义。1946年9月间，我父亲携带着习仲勋给胡景铎在白绫子上所写的密函，又以胡景铎与习仲勋的特殊关系，以及我们家与胡家的社会关系，化装成胡家立诚中学教员的身份，单刀赴会，潜入波罗堡。他说明了劝胡景铎起义的来意，并转交了习仲勋的密信，成功地说服了胡，下决心起义，并于1946年10月13日成功起义。横山起义是陕西境内从大革命失败至西安解放之前，人数最多、规模最大、最为成功的一次起义。这是由西北局习仲勋书记亲自策划和组织所取得的一次重大胜利。它的重大意义在于，横山起义发生在国民党气焰最为嚣张、要一举消灭中国共产党的首脑机关、敌强我弱、形势危急之时，发生在当时许多同志和朋友对革命前途感到忧虑之时。因此，它在政治上和军事上所产生的重大影响是不可低估的。

第三点是，出色地完成西北进军西藏和护送十世班禅返回西藏的历史任务。

1950年底，中央决定分几路进军西藏，彭德怀司令员向毛主席推荐了我父亲，由西北带部队进军西藏，完成护送班禅返回西藏的历史任务。1951年3月，彭德怀司令员任命我父亲为西北军政委员会驻班禅行辕代表、西北人民解放军进藏部队司令员兼政委。西北局根据中央授权，任命我父亲为西北西藏工委书记。在彭德怀司令员、习仲勋书记的直接领导下，1951年8月，我父亲率部及班禅行辕入藏委员会一行由4000多人，8000头牦牛、马匹，1000多峰骆驼组成的进藏大军，沿着当年文成公主进藏的唐蕃古道，踏上了进军西藏的征程。一路上经历了高原反应、严寒酷暑、山洪阻拦、缺粮少食、土匪袭击和强烈地震等艰难险阻，终于浩浩荡荡地进入西藏拉萨，把五星红旗高高地插在喜马拉雅山上，胜利地完成了进军西藏、保卫国防和护送班禅荣返藏地的光荣任务。这是北洋政府和国民党政府，两个反动政府都没法完成的大事，而我们共产党人却完成了，国内国际意义重大。

但风云骤变，人生道路坎坷曲折。我父亲的一生是多灾多难的。从1957年到1976年的20年间，由于极左的错误，四场运动接连不断，我父亲连连遇难，不断升级。在这里让我也追思一下他的磨难历程吧。以昭示后人，总结经验，从而坚信我们的党是伟大的，真理是永存的。

第一次运动是反右派斗争严重扩大化。1958年内地的极左、反右斗争劲风吹到了喜马拉雅山。在西藏工委整风运动中，对我父亲进行了100多天的残酷迫害，无情批斗。最终把我父亲打成了支持班禅、反对达赖的反党集团头子、极右分子，开除了党籍、军籍。武装押送回西安，送至陕西大荔农场劳动改造。我父亲一下子从人生的巅峰跌到了低谷，坠入万劫难复的深渊。党的高级干部一下子成了极右的右派分子。

第二次是反右倾斗争。1959年在庐山会议上，毛泽东同志错误地发动了对彭德怀同志的批判，进而在全党错误地开展了"反右倾"斗争。因彭德怀在小组会议上为我父亲说了话，讲范明不是右派。在这场风暴下，我在西安治病中的父亲被冒雨连夜急送大荔农场劳改、批判，并家中盖房屋的单据也被查抄。因为有人诬陷说，彭德怀给了范明5000元盖房。

第三次是1962年9月的反击彭德怀翻案风，习仲勋小说反党案。

1962年，党的7000人大会之后，我父亲的不白之冤经过多次向党中央申诉，中央决定对他反党集团案进行甄别，并由西北局给我父亲开了去北京进行甄别的介绍信。1962年6月4日，中央正式决定接受我父亲的申请，由中央监委、中央组织部、中央统战部和西藏工委共同组成甄别委员会，开始了甄别工作。不料，政治气候突变。中央八届十中全会要以阶级斗争为纲，狠抓阶级斗争了。会议决定将彭德怀、习仲勋、邓子恢定为当前阶级斗争的三大事件。成立了习仲勋专案审查委员会，康生任主任。为了查找习仲勋的罪状，1962年9月19日夜间，公安人员将我父亲逮捕，戴上手铐，关入监狱。罪名是，习仲勋把我父亲叫到北京闹翻案。我父亲在由康生任主任的习仲勋专案审查委员会下，被残酷迫害，审查、关押、监护长达13年之久。

第四次是"文化大革命"运动。"文化大革命"期间迫害更是加倍，在秦城监狱中的法西斯管教办法几乎令我父亲命绝。1968年8月，《人民日报》又点名我父亲是彭、邓、习在西藏的代理人，迫害更至极点。13年的囹圄之灾，审查结果是莫须有。无奈之下，中央一办只好在1975年5月，乘秦城监狱特赦国民党战犯之际，将我父亲放出监狱，仍维持原西藏冤案结论。父亲又被送回陕西大荔农场继续劳动改造。

我父亲在1958年被打成"极右分子"、劳动改造7年、关押长达13年之后，终于迎来了我党一举粉碎了"四人帮"，驱散了雾霾的春天。此时，康生、谢富治这帮奸佞已化成灰烬。我父亲写诗称颂道："堪笑臭铜多火花，独留顽石赛真金。"顽石在烈火锤炼，百炼成钢。我父亲坚信党、坚信真理，相信总有一天自己的冤案会昭雪的。

1978年在胡耀邦部长的直接干预下，几经曲折，我父亲摘掉了右派帽子。我发言至此，不由想到老父亲的高大身影。不管寒冬多冷，外出散步时，他总是光着头迎着风雪疾走。我曾关心地问过他，为什么不戴帽子，容易感冒。老父亲淡然一笑，一语双关地回答：我这一辈子最怕戴帽子了。

1980年3月我父亲恢复了党籍。中央组织部下达了《关于范明同志右派反党集团问题的复查结论》。平反了！1980年他恢复了工作。先后任政协陕西省第四、五届委员会副主席、党组副书记。他坚决拥护党中央解放思想、实事求是的思想路线，自觉坚持党对政协工作的领导，认真贯彻党关于统一战线和人民政协工作的方针、政策，为全省统一战线和人民政协工作倾注了大量心血。

1992年我父亲离开领导工作岗位后，仍然积极发挥余热，灿烂晚霞多姿多彩。

我父亲积极协助浦安修，为彭德怀撰写传记搜集和整理了资料。拍摄了电影《彭大将军》，他任总顾问，同浦安修同志一起到西北五省筹款，保证了影片拍摄的圆满完成。彰显了彭大将军横刀立马的光辉形象！

我父亲仍然锲而不舍地挤时间，重写了曾被焚毁了三次的历史剧《司马迁》，他创作的《史圣司马迁》传记和广播剧受到了国内外社会各界的广泛好评。

我父亲撰写了上百万字的党史、军史资料，是珍贵的革命史料，为存史资政留下宝贵的材料。例如他撰写的《把五星红旗高高地插在喜马拉雅山上》《十世班禅大师爱国业绩纪实》等革命回忆录，成为今天人们研究西藏解放的重要史料。

我父亲在22年困境中囚禁面壁破卷研读中医古籍，晚年成了我们古都西安杏林一杰，将军郎中被人称颂。他提出了关于振兴中医药的提案，发起成立了"西京中医药科技开发研究会"，创办了西京孙思邈国医药大学，创办老中医门诊部，挂牌义诊，悬壶济世。此举在古城西安不胫而走，波及全国各地，登门求医预约看病者络绎不绝，先后有数万人得到过他的诊治。实现了他老人家"不成名相，则成名医"的夙愿！

明日将是十八届四中全会决定的我国第一个宪法日。在今天，在我父亲百年诞辰座谈会上，作为他的子女，在深切缅怀他为党和人民所做的贡献之际，在追思他的革命精神和高尚品德之际，我们深知对他的最好纪念，就是要使他们老一辈革命者的光荣传统和优良作风能代代相传下去。沿着他们的革命道路走下去！虽然我们子女都已经退休，但仍然要做新时代的改革者，为改革鼓与呼。让我们紧密团结在以习近平同志为总书记的党中央周围，为实现依法治国和中华民族伟大复兴的中国梦，做出自己的贡献吧！

范明的妹妹郝克秀（前排中）和范明子女合影

范明亲属集体合影

范明的三儿媳曹琪（前排右一）和范明临潼家乡的亲戚代表梁吉弟（前排右二）、梁申虎（前排右三）在座谈会上

2014年12月3日上午，座谈会结束后，陕西省委原书记安启元（中）与范明三子郝延政（右二）、吴俊超（右一）、谭冠三的儿子谭戎生（左二）、陈欣荣合影

在范明同志百年诞辰座谈会上的合影。从右向左：范明的孙子郝淼、齐心同志的秘书陈茂田、范明的三子郝延政、师源的外孙任民

60多年前，范将军手植的玉兰树和家人立的此碑，现竖立于西安临潼骊山芷阳溪口。玉兰一尘不染的高洁傲骨，映照出范明的清白人生

亲朋题词

刚正不阿、疾恶如仇的个性以及对共产主义坚定的信念，使范明的一生既创造了众多的辉煌，也经受了无数的磨难，然而他始终坚持一个信念，那就是："行止无愧天地，褒贬自有春秋。"

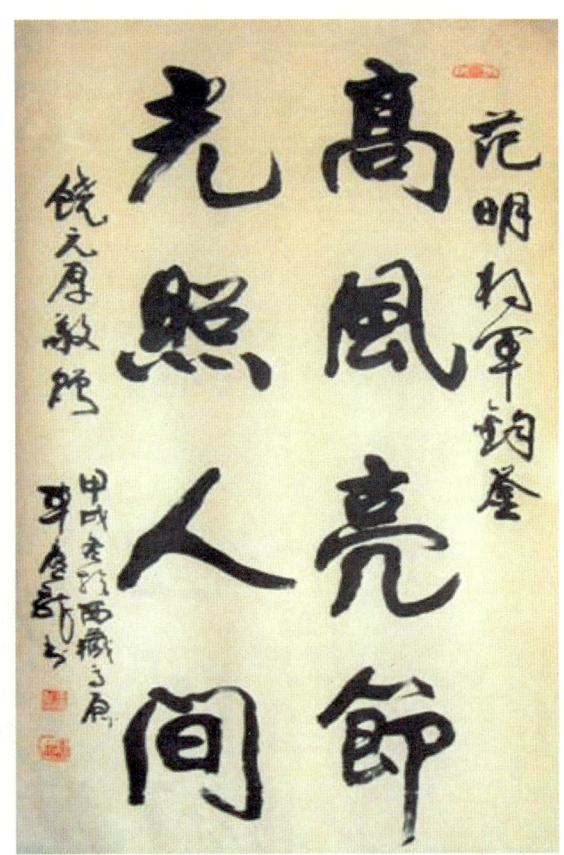

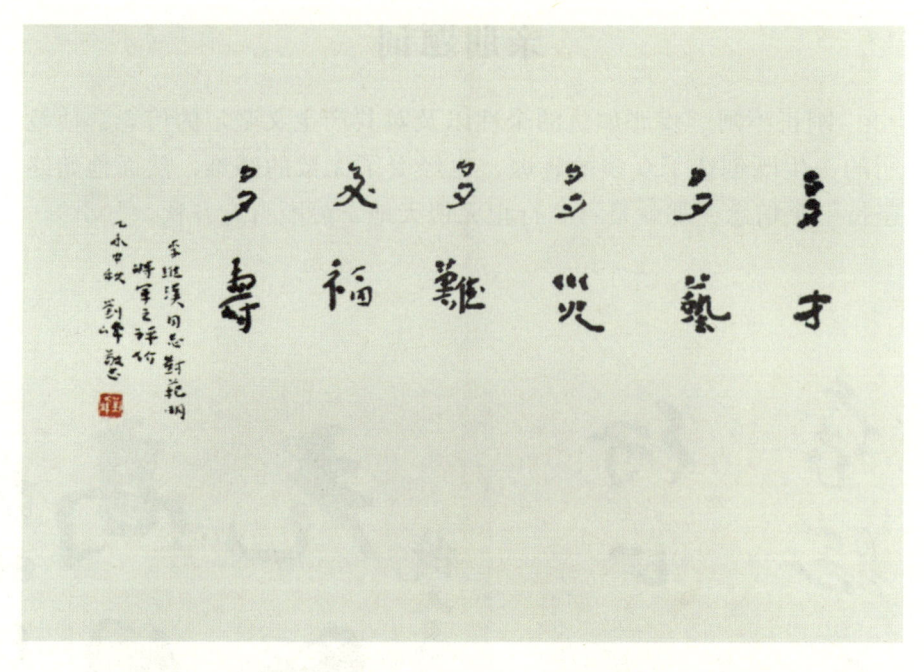

1984年春,童小鹏来西安看望范明,向范明转达了李维汉弥留之际对范明的12字评价:"多才多艺、多灾多难、多福多寿"

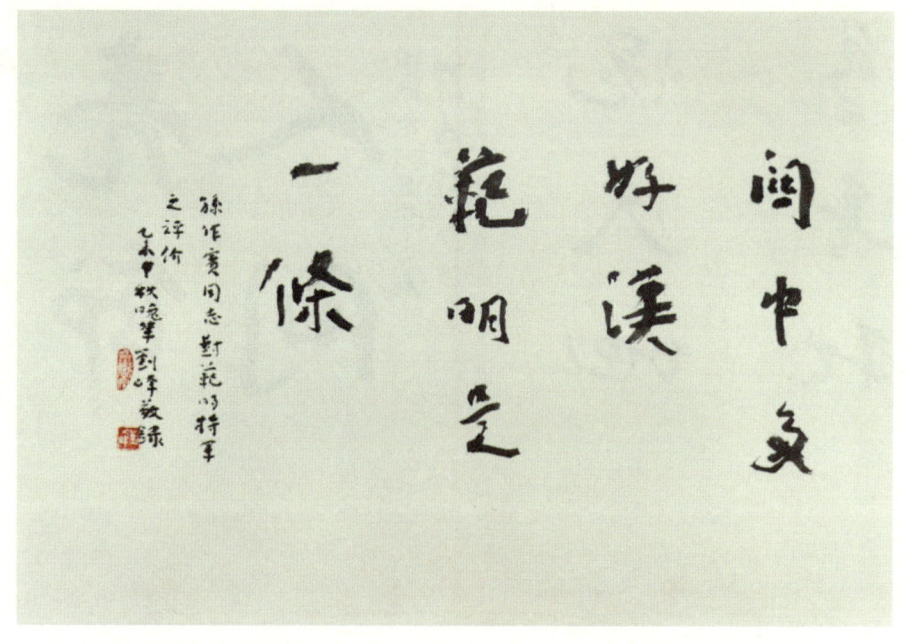

范明老友孙作宾对范明的评价:"关中多好汉,范明是一条。"

宁必成将军的题字

2003年，辽宁省政协原主席章岩书法录范明的五言诗："思宽天地广，量大海洋深。气壮山河动，心明日月钦。生为革命人，死当铸忠魂。宁为泰山鬼，不作鸿毛人。"

陕西省政协委员、著名书画家宫葆诚为范明画的《红梅图》，并在画上题诗："老梅愈老愈精神，一树红花发早春。不畏风寒不畏雪，暗香撩影伴松绪。"

2009年10月，时年91岁的辽宁省政协原主席章岩题词："我认识的范明同志：勤于学习，多才多艺，宽厚待人，淡泊名利。"

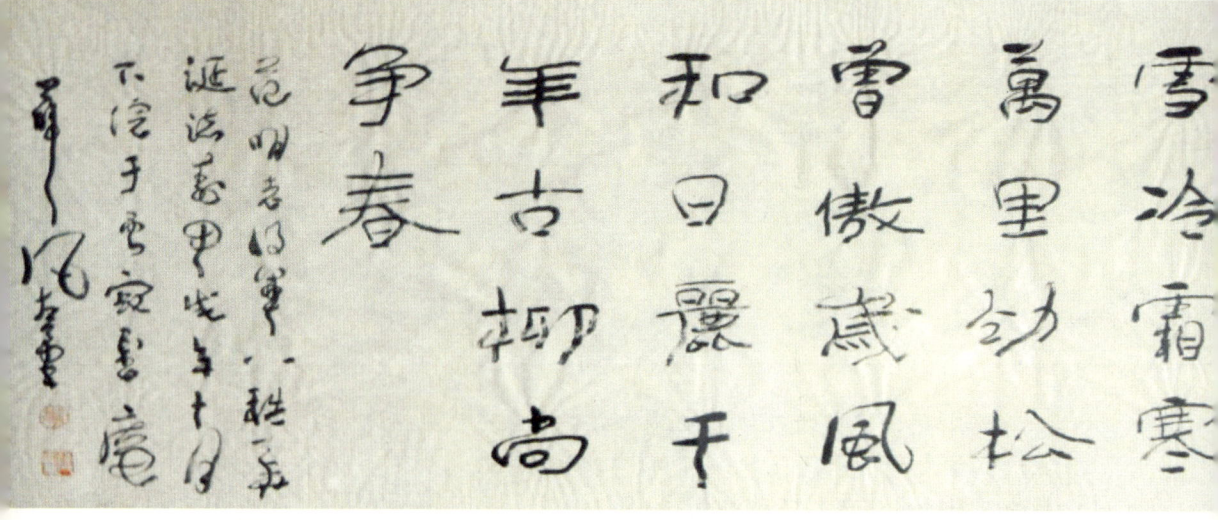

薛凡为范明题写的联句："雪冷霜寒万里劲松曾傲岁；风和日丽千年古柳尚争春。"

附 录

范明年谱（1914—2010年）

1914年

12月4日（阴历十月十八日），范明出生于陕西省临潼县栎阳镇郝邢村。依家谱"克"字辈取名郝克勇。

1920—1925年

5岁进私塾读书。未满10岁即能背诵《四书》《五经》和唐诗宋词数百首，还懂得很多历史，可以撰写叙事明理的短文，被誉为当地的"神童"。

1926年

春天开学不久，北洋军阀刘镇华率镇嵩军攻进陕西关中，围困西安。兵荒马乱，学校解散。随家逃难到耀县。其间，每日到石川河打柴和挖野菜，因常去药王山孙思邈庙前攻读石碑上的药方，初涉中医。

1927年

开始上学。曾被推选参加周围多所学校的讲演比赛，获得第一名。下半年学校停办，辍学回家。

1928年

进入高级小学上学。仍以学《四书》《五经》等古文为主。

1929年

陕西遭受大旱灾、蝗灾，史称"民国十八年年馑"，学校停办，失学在家，忍饥挨饿。此时蝗灾和瘟疫流传，村里来了一位名医，住在范明家。范明拜这位名医为师，学习中医。

1930年

大哥郝克俊奉父命，将范明带到上海，于上海建国中学求学。

1931年

9月开学不久，爆发"九一八"事变。上海市成立了学生救国总联合会，范明参加赴南京请愿团，到南京要求蒋介石抗日。

1932年

3月，回西安，在西安中山中学初中三年级读书。
4月，加入中国共产主义青年团，积极投身革命。

12月，在《西北文化日报》陆续以"志均"为笔名发表短篇文艺作品。

1933年

3月，返回上海建国中学高中读书。

1934年

4月24日，与梁枫在陕西三原县登报结婚，以抗议家庭的包办婚姻。

1935年

因介绍人方毅民在四方面军牺牲，方培钦转移，与共青团组织失去联系。

1936年

2月，考取国民政府财政部淞江盐务税警官佐训练班第12期。

7月，毕业分配到贵州黔岸盐务局的天柱县分局，任瓮洞盐务税警分队长。

1937年

1月，因扣湖南省主席何健私盐而被禁闭，革职。

3月，回到西安。

4月，考入东北大学西安分校政法系三年级，加入"中华民族解放先锋队"。

10月，在陕西泾阳安吴堡青训班学习，参加革命工作。

1938年

2月，青训班结业，被党组织介绍到国民党第十七师教导队任政治教员。

3月，加入中国共产党。

7月，第十七师扩充为国民党第三十八军，赵寿山任军长。教导队赴抗日前线山西茅津渡，改为第三十八军教导队，范明任教导队政治指导员。

12月，中共陕西省委决定成立"中共三十八军地下党的工作委员会"，工委由三人组成，蒙定军任书记。范明负责组织、统战和干训班及教导大队的工作。

1939年

1月，第一期教导队学员毕业。

3月，教导队第二期开学，范明负责学习培训。

1940年

1月，除三十八军原有工作外，国民党第四集团军党的地下工作也由范明负责。

8月，依照中央关于"隐蔽精干，长期埋伏"的党的地下工作方针，利用关系填写了一批假表，加入了国民党。

12月，蒋介石侍从发密令，令孙蔚如逮捕范明、蒙定军等一批人员。中共陕西省委决定，将范明护送到三十八军教育连隐蔽起来。

1941年

3月，由隐蔽转入公开，担任了第三十八军教育连连长。教导队第三期开学。

7月，中共陕西省委送来学员200余人，教育连第四期开学，继续进行训练。

1942年

7月，教导队第四期毕业。地下党工委决定在军部成立搜索连，范明任连长。

11月7日，蒋介石对第三十八军施加更大压力，调赵寿山去重庆受训。党委与赵商量，决定准备起义，同时赵又提出入党请求，为此请示中共中央。毛泽东直接致电赵寿山："勤兄：（一）可否派贵处郝克永（勇）来和我一谈，请裁复。（二）今后通报改用公（毛泽东）、明（第三十八军工委）、勤（赵寿山）三字。弟公叩虞辰。"此后，第三十八军工委和赵寿山受毛泽东直接领导和通报。

11月中旬，接毛泽东电报后，12月上旬，范明与张西鼎到延安。

12月中旬，毛泽东先后两次接见。根据党工委研究的汇报提纲，向毛泽东做了汇报和请示。毛泽东对第三十八军地下党的工作，包括部队的党建、统战工作以及如何利用矛盾巩固部队，"隐蔽精干，长期埋伏，积蓄力量，以待时机"等方面的方针政策，做了全面的、详尽的指示。并确定部队直接由中央领导，不必再和前委联系。根据范明汇报赵寿山申请入党的问题，批准赵寿山入党，并向赵寿山公开第三十八军共产党员的全部名单。同时，毛泽东根据党的地下工作的实际，知郝克勇舅家姓范，亲自给他更名为范明，作为秘密工作的名字，要求任何时候都不能暴露这一身份。

1943年

3月，返回第三十八军部队，将毛泽东的指示向党工委做了详细传达，后又向赵寿山做了重点传达。蒙定军离开部队去学习，范明接任三十八军工委书记。按照中央指示，布置调整部队工作，主要任务放在对敌斗争和巩固部队方面。

10月23日，致电毛泽东，报告蒋介石调动三十八军部队之事及其对策。

1944年

2月，蒋介石将第三十八军调离黄河渡口，以明升暗降的办法将赵寿山升任远在甘肃武威的第三集团军总司令，派张耀明接替军长。范明与毛泽东多次来往电报，毛泽东指示：严密组织，彻底执行隐蔽干部政策，继续坚持阵地，抽调一批党员随赵寿山到第三集团军开展党的工作，建立据点，抽调一批党员回延安学习或打入陕西地方保安团，掌握地方武装。并指示范明："此事办妥后，你可设法来延。"范明根据毛泽东指示，将第三十八军党的工作交给李森等，抽调一批同志随赵寿山到第三集团军，一批同志到延安学习，还将一批武器藏在自己临潼的家中。

3月，回到延安。

4月，中央组织部分配其到中央党校二部学习，任第十三支部书记。

1945年

9月，任中共中央西北局统战部处长，负责党的地下工作。

10月，高岗、马文瑞派范明到陕西省委所在地马栏，进行白区布点工作。范明向7个省区派出625人，共建立了126个统战据点和军事据点。

1946年

7月，中共中央为了扩大战略区域，命令西北局大力开展北线工作。习仲勋派范明携亲笔信到绥德劝说陕北保安副总指挥胡景铎起义。范明化装成教员，单刀赴会波罗堡，说服胡景铎起义。起义后编为西北民主联军骑兵第六师，胡景铎任师长，范明任党委书记兼政治部主任。

1947年

3月，成立西北野战军，范明任政治部秘书长兼联络部长。

5月，随军参加陕北蟠龙战役，对活捉的旅长李冈昆等进行了教育改造工作。

6月，随西北野战军参加陇东战役，制定了尊重回民守则。

8月，随野战军参加米脂沙家店战役。

10月，参加清涧战役，部队活捉了胡宗南部七十六师师长廖昂，审讯中第一次发现侦察电台和其性能，这对以后我军对付敌人的空中侦察起了很大作用。

12月，列席中共中央在米脂县杨家沟召开的中央会议。

1948年

2月下旬，随野战军参加瓦子街战役。

3月，参加洛川战役，并奉命亲自到洛川前线向敌人喊话，进行瓦解工作。

5月，参加西府战役，率直属部队掩护彭德怀安全撤退，回到边区。

9月，荔北战役。彭德怀命范明和王俊组成临时党委，范明任书记，带一个营深入敌后，组织地下党起义。胜利地组织和领导了朝邑、平民起义。

1949年

5月20日，西安解放。协助西安地下党市委肃清敌特、安定社会秩序。

7月，参加扶眉战役，为第一野战军起草《奋勇前进全歼胡马匪军动员令》。

8月上旬，彭德怀通知范明等到一野总部开会，传达毛泽东关于"注意保护并尊重班禅及甘、青境内的西藏人，为解决西藏问题作好准备"的指示，并决定将保护班禅的重大任务交由联络部负责完成。

8月，兰州解放。负责抢修兰州黄河大铁桥。成立几个训练大队，收容马家军游兵散将，加以管理、审查、遣返，对安定社会秩序起了良好的作用。

9月，一野政治部领导和范明等研究决定，派出兰州回族领袖郭南浦等组成赴宁夏劝和团，为宁夏的和平解放做出了贡献。派贾志璞等人开展做甘南黄正清的起义工作，促其率部起义。

10月1日，配合青海省委做十世班禅的工作。范明接见了计晋美，建议十世班禅向毛泽东发致敬电。起草的电文经范明与他们讨论后，由班禅审定后发出。这就是班禅向毛泽东、朱德和彭德怀发出的两份开国大典致敬电。

11月，陪同彭德怀司令员，参加了与新疆曾震五关于新疆起义的谈判。

12月，根据中央军委《关于1950年军队参加生产建设工作的指示》，范明率联络部创办了共和公司，下属10个分公司。为兰州初创了工商业基础。

1950年

2月，彭德怀指示范明成立藏民问题研究班，之后改为藏民学校，范明兼校长。在藏民学校的基础上，又扩办为西北人民革命大学，范明兼主任。经报请政务院批准，以西北人民革命大学为基础，创办了西北民族学院。

2月，赴甘南处理夏河叛乱事件。

4月，写了《关于夏河（拉卜楞）问题的综合报告》，西北局书记习仲勋认为这份报告很好，于《西北党内通讯》第54期上全文发表。

7月，甘南夏河地区甘加部落和青海同仁县加吾部落在金银滩草山发生纠纷。范明率甘、青两省组织的代表团进行调解，经过工作，初步达成了协议。

9月，彭德怀交代范明带部队准备进军西藏，护送十世班禅返回西藏。

11月13日，任中共西北西藏工委书记、西北人民解放军进藏部队司令员兼政治委员。负责组建西藏工委和进藏筹备事宜。

12月下旬，在西北局会议上汇报关于进藏的设想和方案，西北局就组建西藏工委等提出了意见，决定范明到北京向中央请示汇报。

1951年

1月30日，中央统战部部长李维汉接见西北局统战部的汪锋、范明和牙含章，就组建中共西北西藏工委和进藏筹备工作做了指示。

1月31日，周恩来总理接见汪锋、范明、牙含章，就组建西北西藏工委和进藏筹备事宜做了重要指示。

2月，西北局常委扩大会决定成立西北西藏工委，范明任书记。

2月27日，西北军政委员会决定，任命范明为西北军政委员会驻班禅行辕代表，牙含章为助理代表。

3月19日，以西北军政委员会驻班禅行辕代表身份来到青海塔尔寺班禅行辕就职，举行隆重的就职仪式。

4月19日，陪同十世班禅一行进京向毛主席致敬。于4月27日到达北京车站，受到朱德、周恩来等领导人的热烈欢迎。

5月1日，陪同十世班禅登上庆祝五一劳动节的天安门城楼。毛泽东单独接见十世班禅，做了重要谈话。

5月，中央人民政府代表团与西藏地方政府代表团谈判期间，被指派参加中央人民政府代表团内部工作，出席了5月23日协议签字仪式。

5月27日，和谈达成协议，中央命令张国华和范明随李达飞抵重庆，向中央西南局书记邓小平汇报和请示。

8月1日，范明率西北进藏部队，拔营自兰州启程。

8月22日，在青海省香日德举行进军誓师大会。

12月1日，进驻拉萨古城，举行了隆重的入城式。

12月20日，西南、西北两支进藏部队，在布达拉宫前的广场上举行了胜利会师大会。

1952年

1月10日，西南、西北两个西藏工委合并，组成统一的中共西藏地区工作委员会。张国华任书记，范明任副书记兼情报委书记和统战部部长。

2月10日，西藏军区在拉萨成立，范明任副政委。

3月7日，中央决定张经武留藏工作，兼任工委书记，张国华为第一副书记，谭冠三、范明为第二、第三副书记。

4月，拉萨发生伪人民会议事件。范明是西藏工委副书记，分管统战、社会治安和情报工作又兼统战部部长和情报委书记。因此，与伪人民会议斗争与中央来往电报和形成的文件，很多都是由范明亲自起草的。

4月24日，西北进藏部队护送十世班禅到达拉萨胜利塘。中共西藏工委派范明和西藏军区参谋长李觉前往欢迎。

4月28日，班禅大师进入拉萨市区，在工委干部的欢迎帐篷里，张经武、张国华、谭冠三、范明等热烈欢迎十世班禅荣返西藏。

9月10日，代中共西藏工委统战部撰写了《关于目前西藏地区统一战线工作中几个策略问题》，第一次明确提出了西藏当前主要矛盾是统一与分裂的矛盾，成了当时西藏党内争论的核心，在党内引起重大争论。

9月，中央点名派范明赴日喀则检查工作。

10月23日，以范明和牙含章的名义，向中央发了一份《关于统一西藏方针问题的意见》的电报，得到了毛主席的肯定。

1953年

1月，当选中国共产党第八次全国代表大会代表。

3月，撰写了《关于西藏工作中若干不同意见》的报告，上交李维汉。

9月，参加中央召开的第二次全国组织工作会议。

1953年10月至1954年2月，参加中央西藏工作讨论会，对西藏工委内部一些原则性分歧进行了讨论。中央批准了讨论会总结报告。

1954年

1月，范明和慕生忠给周恩来总理呈送修筑青藏公路的报告。周总理批准修建。接着，又拿了这份报告去请示彭德怀，解决工兵、经费和物资问题。彭德怀认为，青藏公路是战略公路，很重要，并给予了大力支持。

6月，当选为第一届全国人民代表大会西藏代表。

7月，陪同十世班禅一行，赴北京出席第一届全国人民代表大会。

9月3日，在张经武、范明的陪同下，达赖、班禅在西安会合，联袂赴京。受到朱德副主席、周恩来总理的隆重欢迎。15日至28日，范明出席第一届全国人民代表大会第一次会议，并担任西藏组组长。

12月，为庆祝康藏公路和青藏公路同时通车到拉萨，奉命写《青藏公路》一文，刊登在1955年第1期《解放军文艺》上。

1955年

2月，任中国人民解放军西藏军区第一副政治委员。

3月9日，周恩来总理主持国务院全体会议第七次会议，通过关于成立西藏自治区筹备委员会的决定。范明列席会议。

3月21日至31日，作为西藏工委代表，出席了中国共产党全国代表会议。

4月27日，周恩来总理签署国务院授衔命令：授予中国人民解放军西藏军区第一副政治委员范明以少将军衔，授予一级解放勋章。

6月，中央通知张国华出席全国人大二次会议，命范明主持西藏全盘工作。

1956年

1月，西藏地区召开党代表会议，范明被选举为西藏出席中共八大代表。

4月22日至5月22日，召开西藏自治区筹备委员会成立大会，任命范明为西藏自治区筹备委员会常委。

5月31日，中央决定范明主持西藏全盘工作。

7月，西藏自治区筹委会常务委员会第六次会议，通过成立政协西藏委员会的决议，中央提名范明为政协西藏委员会主席。

11月18日，政协西藏自治区筹备委员会成立，在范明主持下，进行成立西藏政协的筹备工作。

1957年

2月，根据毛泽东关于"六年不改，适当收缩"的指示，西藏工委召开了工委扩大会议，提出了"六年不改，适当收缩，巩固提高，稳步前进"的方针。

3月5日，在北京中央书记处会议讨论西藏工作问题，提出西藏工作大下马。范明会后给毛泽东写信，提出不同意见，认为西藏工作刹得太急太猛。

5月14日，召开中央政治局会议，采纳了范明的意见。由李维汉主持形成了工委《关于今后西藏工作的决定》和中央批示，经中央政治局讨论通过。并决定由范明携带中央政治局通过的文件回西藏传达。

6月，任整编委员会主任，按照中央的指示，有计划地进行收缩工作。

11月19日，中共西藏工委召开扩大会议，决定党内开展整风运动。讨论西藏局势时发生重大分歧和争论。范明认为西藏当前的主要矛盾是统一和分裂的矛盾。

12月1日，根据彭德怀、李维汉、张德生的建议，搜集大量资料，开始动笔撰写《新西游记提纲》初稿。

1958年

1月，范明主持机关干部大会，中共西藏工委第一书记张经武做整风动员报告。1月21日，北京来电报点名叫张经武、张国华去北京。3月14日回到拉萨。

4月4日，中共西藏工委决定召开全区县（团）级以上干部会议。会议第一天，斗争的矛头就直接指向范明。

8月23日，在中共西藏工委召开的全区县（团）级以上干部大会上，对范明开始了长达104天的斗争后，被定为反党集团头子、极右分子，开除党籍、军籍，撤销党内外一切职务，送陕西省大荔农场劳动改造。

9月15日，西藏工委将范明及其同案人白云峰、梁枫武装押送回陕西。临行前，范明将达赖叛逃的秘密计划交给了西藏党组织。回到西安，陕西省委第一书记张德生接见了范明等，看到范明病情严重，指示让范明回家休养治病。

1959年

3月，达赖集团发动西藏武装叛乱，范明写信给中央，提出愿以普通一兵的身份再次赴藏参加西藏平叛，未获复示。

6月9日，向中央写出第一个申诉：《关于西藏工作中重大问题的争论》。

9月20日，陕西省委派干部以国庆节前夕清除不稳定分子为由，将卧病在床的范明拉起，冒着大雨押送到陕西大荔农场劳动改造。

1960年

1月，在大荔农场被分配到预报站，与科技人员进行小面积棉花科学试验。在试验取得几次成功后，开始在农场和农校大面积试验，取得了良好效果。

1961年

3月至10月，省农业厅厅长到农场对试验做了检查，肯定了范明的试验成果。

11月，得知中央对受过批判和处分的党员要进行甄别。给陕西省委、中央写信，请求对其问题进行甄别。

12月23日，西北局根据中央指示，决定由西北局书记兼组织部部长白治民约范明了解他们的案件情况。要求范明写一份请求中央复查自己案件的报告。

12月26日，通过西北局组织部向中央呈报请求复查的报告。

1962年

2月，中央委托中央组织部、中央统战部、中央监委组织人员进行复查，并通知范明听候处理意见。

6月4日，中央统战部副部长平杰三接见范明，中央决定由中央监委、中央组织部、中央统战部和西藏工委共同组成甄别委员会，对范明一案进行甄别，并成立了领导班子，在中央监委设办公室。

7月30日，甄别组将西藏工委的结论发给范明，让范明据此写一份申诉上交中央监委。

9月19日凌晨1时左右，公安部严佑民和西藏张向明将范明、白云峰以"习仲勋叫范明等到北京闹翻案"的罪名，逮捕入狱，关押在北京市监狱。

10月7日，又被转押到公安部秦城监狱。由公安部负责范明案件。经过调查，对"习仲勋叫范明到北京闹翻案"予以否定和澄清，对西藏的问题认为属于思想认识问题，不是敌我问题，加之范明有严重的冠心病，因此报请中央批准改换环境。

1963年

1月7日，从秦城监狱搬到北京西郊公主坟纸坊巷公安部特别招待所软禁，夫人梁枫获准陪同坐监。

1964年

3月19日，范明给刘少奇写信，恳求中央能够对他的问题予以早日处理。

3月25日，公安部副部长严佑民给范明口头通知：中央对你的问题经过一年多的审查和调查已经弄清楚了，已经做了结论，不是敌我矛盾。决定很快结案释放，先到工作岗位上去工作，以后再解决党籍问题。后来此事因故搁置。

1965年

1月9日，给公安部部长谢富治写信，请求批准到图书馆阅读中医药参考书籍和查阅有关资料，并允许定期在住地附近采集中药店缺少的治癌有效中草药，以便探讨、研究和试验，攻克防治癌症之难关，未获复示。

3月10日，再次给谢富治写信，仍未获答复。

1966年

3月7日，公安部副部长严佑民将公安部给范明做的结论交给范明，说签字后可以释放出狱，因为结论是1958年西藏所做结论的翻版，范明拒绝签字。

5月，公安部来人将范明从北京西郊"特别招待所"搬到城里的一个招待所关押。不久，又将范明搬到灵镜胡同的一个院子软禁。

8月13日，再次强行将范明押进秦城监狱，从此与家人失去联系。

1967年

5月2日至7月31日，先后写了三批涉及西藏的方针路线的揭批材料，对西藏工委错误的处理进行申辩和申诉。

1968年

5月，解放军"三支两军"部队进入监狱。正式通知范明：从今天起，解放军受中央委托对范明的问题开始正式审查。

6月1日，范明写成的《我的总交代》约4万字，交给了解放军。这份文件把西藏发生的问题做了实事求是的说明。

1969年

4月17日，在监狱送上《关于我1930年至1937年阶段的历史材料》。

7月，送上《关于到盐税警系统学习、任职、脱离的经过》《关于到安吴青训班和回延安阶段的经过》。其间，还在严刑逼供之下写了个别假材料。

1970年

由中央专案组直接审查范明的案子，受到更加残酷的迫害。强迫范明承认"罪恶"和"认罪悔改"。被逼于9月5日上交了一份《我的真正罪恶与真正的认罪悔改》。这份材料是被逼写的，但也对西藏和监狱对自己问题做的错误处理和一次次受到的迫害做了无情的揭露。

1971年

"文化大革命"期间，中央专案组逼范明承认是"彭、高、习反党集团的黑干将"，逼范明承认是"彭德怀、李维汉指挥他向中央进攻"，甚至还要下毒手毒死范明，收走他所带的中医学上的原始资料以及历次给中央有关方面的报告。

1972年

12月18日，毛泽东发出废除"法西斯审讯办法"的指令，范明的处境才略有好转。

1973年

1月25日，向毛泽东、周恩来呈报《揭露一个用法西斯审讯办法所制造的假材料和假案件的情况报告》。

1974年

1966年8月范明被押入秦城监狱，与家人失去联系。梁枫和子女多次向中央专案组提出请求，要求探监。1972年之后，中央专案组允许子女探监。

1975年

5月24日被释放，仍送回陕西大荔农场劳动改造。

1976年

回到大荔农场，身体稍有恢复就继续进行中断多年的棉花、小麦试验，继续进行中医、中药的研究，亲自到山上采药。

1977年

1月15日，因打倒了"四人帮"，组织批准从大荔农场回到西安家中治病。

1978年

1月，范明向中央组织部胡耀邦部长写信，请求对自己的冤案进行复查。

4月5日，大荔农场根据中央〔1978〕11号文件，摘掉了范明右派分子帽子。

10月，范明向中央正式呈送《请求改正错划我为右派的申诉书》。

1979年

1月9日，给中央组织部部长宋任穷呈上《请求改正错划我为右派的申诉书》。

11月15日，中央复查小组派王建梅、贺志仁两同志前来西安，给范明看了复查的第一个结论，撤销西藏工委1958年所做的原结论，基本是完全平反。

1980年

3月13日，复查结论送到西藏，西藏不同意更正。中央组织部决定，先恢复范明同志党籍，让其到北京中央党校学习。一面学习，一面等待正式复查结论。

4月2日，中央组织部审干办公室送来复查结论第二稿。4月9日，范明给审干办公室写了申明。

4月22日，中央组织部审干办公室送来复查结论第三稿修改稿。

5月10日，中央组织部给范明送来《关于范明同志右派反党集团问题的复查结论》第四稿，范明对这个结论是不同意的。经考虑再三，先在结论上签了"同意复查改正结论，服从关于党籍、工作和级别的决定"，又当即向中央写了对结论的申述。

6月，中央组织部的第四稿，由中央书记处正式批准下达中央组织部。

7月，中央组织部向陕西省委组织部发出关于范明复查结论的通知。

12月，在中国人民政治协商会议陕西省第四届委员会第三次会议上，范明当选陕西省政协副主席。

1983年

4月，任政协陕西省第五届委员会的副主席、党组副书记。任政协六届全国委员会委员。赴北京参加全国政协会议期间，十世班禅在北海公园御膳餐厅设宴宴请西藏和其他各省藏族委员，范明应邀赴宴。两人分别20余年，历经劫难后见面，相抱而泣，场景感人。

1984年

西安电影制片厂奉命拍摄彭德怀元帅的一部电影，范明被聘请为顾问，为拍摄电影筹措资金，参加编剧和导演的指导工作。经过几年努力，拍成电影《彭大将军》，再现了彭德怀元帅的光辉一生。

1985年

9月，应邀参加西藏自治区成立20周年庆祝大典。十世班禅是中央代表团副团长。在拉萨，十世班禅看望了范明，按藏族习惯举行了仪式，并给范明赠送了哈达和亲笔题字盖章的近照。

9月7日，自治区党委领导接见范明，做了长时间坦诚的谈话，并形成了《中共西藏自治区党委与范明同志会谈纪要》文件。这是

1958年范明离开西藏28年后，第一次荣返西藏。

1987年

4月，十世班禅和阿沛·阿旺晋美倡议建立援助西藏发展基金会，聘请范明为基金会顾问。

1988年

连任政协第七届全国委员会委员。

陕西省成立于右任书法学会，范明被聘请担任会长。

1989年

成立西京中医药科技开发研究会，任理事长，研究会下设有老中医门诊部，定时去诊所为群众把脉治病。

5月，成立景龙中医疑难病症诊疗所，坚持坐诊直到1994年。

创办西京孙思邈国医药大学，亲任校长。医学专著《唯物辩证法与中医辨证施治探讨》被定为国医药学教材。

1991年

1月25日，最高人民检察院、公安部做出结论："原认定范明同志'纠集反坏分子来北京闹事'的罪名不能成立"，认为1962年对范明的逮捕审查"是错误的，应予平反"。

5月，应邀参加庆祝西藏和平解放40周年大典，第二次荣返西藏。范明请求中共西藏自治区党委对自己的冤案实事求是地做出彻底平反决议，并向党委交了一份汇报提纲。党委领导当面答复一定会按党的政策办事，由自治区党委上报中央，请求予以彻底平反。

1992年

援助西藏发展基金会正式成立，范明为理事，为基金会出谋献策，贡献力量。

1995年

9月，范明第三次荣返西藏，和夫人梁枫作为贵宾被邀请参加庆祝西藏自治区成立30周年盛会。

1996年之后

积极发挥余热，撰写大量珍贵党史、军史资料，为存史资政留下宝贵的资料。

在十七路军党史方面：曾担任十七路军党史领导小组顾问，陕西省十七路军中共党史资料征集小组顾问。撰写了《原三十八军中地下党工作委员会工作概况》《毛主席引导赵寿山走上革命道路》

《毛主席电召我回延安》《毛主席批准赵寿山入党》《毛主席的足迹》。

在第一野战军军史方面：兰州军区政治部联络部聘请范明为一野联络部部史顾问，撰写了《第一野战军敌军工作纪实录》《第一野战军敌军工作史》。人民解放军总政治部出题指定范明撰写《认真执行党的民族政策》的稿件。

在中共西藏党史方面：撰写了《把五星红旗高高地插在喜马拉雅山上》《十世班禅大师爱国业绩纪实》，奉全国政协文史资料委员会主任杨拯民转中央负责同志之命，撰写了《达赖反动集团叛乱的前因后果》。

2001年

8月，被邀请前往拉萨，参加了庆祝西藏和平解放50周年盛典纪念活动。时任中共中央政治局常委、国家副主席、中央代表团团长胡锦涛接见范明等老同志，并与范明进行了亲切交谈。这是范明第四次荣返西藏。

2004年

12月，陕西省政协为范明举办了90岁寿辰庆贺活动。

2007年

全国开展反思反右派斗争50周年。《炎黄春秋》特地刊登了李敏杰撰写的《"六多"将军范明》一文。

2008年

2月，因病入住陕西省人民医院。

2009年

4月19日，陕西省委书记赵乐际，代表中共中央政治局常委、国家副主席习近平，前往陕西省人民医院看望病重的范明。

11月，中共中央政治局常委、国家副主席习近平派秘书到医院探望。

12月20日，范明撰写的《十世班禅大师爱国业绩纪实与达赖叛国罪行纪实》一书在香港出版，社会反响强烈。

2010年

2月23日，在西安病逝，享年96岁。

5月9日，夫人梁枫在西安病逝，享年95岁。

后 记

岁月荏苒，历史留痕。范明生前留有数百万字的回忆纪实，内容丰富，同时保留了许多珍贵照片。在世时，范明就对自己作品和照片的出版有过安排和委托。2008年10月，范明将自己全部的资料、照片交给了孙女郝瑞，并授以委托书，委托她全权处理作品出版事宜。为了纪念我们的先辈，彰显他的革命一生，实现他老人家的遗愿，编著者本着实事求是、力争还原历史事实的原则，在学习消化大量的原始资料的基础上，进行了走访查证、归纳整理。在各方的大力支持和帮助下，经过层层把关，逐级审批，以照片集传记的形式，终于使《范明将军画传》（以下简称《画传》）成书付梓，展现在了读者的面前。

这本《画传》勾勒出了一位刚正不阿的革命者的人生轨迹。他是一位具有不屈不挠的奋斗精神、坚定不移的信仰追求、坎坷曲折的人生经历、实事求是的革命风范的共产党人。范明的一生充满传奇、辛酸、磨难，至今还留下了一些待解的遗憾。他在96岁的高龄，以"堪笑臭铜多火化，独留顽石赛真金"的铮铮铁骨，走完了自己不平凡的一生。

我们编著者历经了八年的辛勤努力，在社会各界和亲朋好友的支持和帮助下，终于完成了《画传》的编辑工作。值此《画传》问世之际，我们对曾提供过帮助的政协陕西省委员会，中共陕西省委党史研究室，陕西省出版局，陕西省名人协会的有关同志，表示衷心的感谢。特别是对雷学军、计明多吉、曹先觉、吴清润、吴俊超、谭戎生、张占军、陈一雨等同志的大力支持和帮助，一并表示诚挚的感谢！

《画传》的资料是相当丰富的，但因为有一些资料现在不宜公开，所以说没有完全刊出。加之我们水平有限，不当之处在所难免，敬请阅者批评指正。再版时，将进一步加以修改。

编著者敬上

图书在版编目（CIP）数据

范明将军画传/郝延政，郝淼，郝旭光编著.—西安：陕西人民出版社，2016
ISBN 978-7-224-11871-1

Ⅰ.①范… Ⅱ.①郝…②郝…③郝… Ⅲ.①范明
（1914-2010）–传记–画册 Ⅳ.①K825.2-64

中国版本图书馆CIP数据核字（2016）第116428号

出 品 人	惠西平
总 策 划	宋亚萍
责任编辑	陶 书
特约编辑	吴 桐
整体设计	吴 桐　张 媛
装帧设计	西安德芬文化传播有限公司

范明将军画传

编 著	郝延政　郝淼　郝旭光　郝瑞　曹琪
出版发行	陕西新华出版传媒集团　陕西人民出版社
	（西安北大街147号　邮编：710003）
印 刷	陕西金和印务有限公司
开 本	787mm×1092mm　16开　22印张　2插页
字 数	300千字
版 次	2016年7月第1版　2016年7月第1次印刷
书 号	ISBN 978-7-224-11871-1
定 价	86.00元